Half cent Draped Bust (continued)

	Mintage	Grade	Date purchased	Amount paid	Comments
1804 Spiked	Incl. above				
1805	814,464				
1805 Small 5, Stars	Incl. above				
1806	356,000				
1806 Small 6, Stars	Incl. above				
1807	476,000				
1808	400,000				
1808/7	Incl. above				

Half cent Classic Head

	Mintage	Grade	Date purchased	Amount paid	Comments
1809	1,154,572				
1809/6	Incl. above				
1810	215,000				
1811	63,140				
1825	63,000				
1826	234,000				
1828 13 Stars	606,000				
1828 12 Stars	Incl. above				
1829	487,000				
1831	2,200(R)				
1832	154,000				
1833	120,000				
1834	141,000				
1835	398,000				
1836 Proof	(R)				
1840 Proof	(R)				
1841 Proof	(R)				
1842 Proof	(R)				
1843 Proof	(R)				
1844 Proof	(R)				
1845 Proof	(R)				
1846 Proof	(R)				
1847 Proof	(R)				
1848 Proof	(R)				
1849 Proof	(R)				

Half cent Coronet

	Mintage	Grade	Date purchased	Amount paid	Comments
1849 Large Date	43,364				
1850	39,812				
1851	147,672				
1852 Proof	(R)				
1853	129,694				
1854	55,358				
1855	56,500				
1856	40,430				
1857	35,180				

Cent Chain or Wreath

	Mintage	Grade	Date purchased	Amount paid	Comments
1793 Chain, AMERICA	36,103				
1793 AMERI	Incl. above				
1793 Wreath	63,353				
1793 Lettered Edge	Incl. above				

THE COLLECTOR'S LOG OF U.S. COINS

Published by Amos Press Inc. P.O. Box 150, Sidney, Ohio 45365. Publishers of Coin World, the weekly newspaper of the entire numismatic field; Linn's Stamp News, the world's largest weekly stamp newspaper; Cars and Parts, the magazine serving the car hobbyist; and the Scott Publishing line of philatelic catalogs and albums.

Compiled and edited by
the staff of COIN WORLD

Photographs from COIN WORLD files and courtesy of Stack's and Bowers and Merena Galleries Inc.

This book is available at special quantity discounts
for bulk purchases.
For details, write: Amos Press Inc.,
Coin World Products,
P.O. Box 150, Sidney, Ohio 45365
or call (513) 498-0800.

© 1988 Amos Press Inc.
Sidney, Ohio 45365

Library of Congress Catalog Card Number:
88071094

ISBN: 0-944945-01-5

Half cent Liberty Cap, Left

	Mintage	Grade	Date purchased	Amount paid	Comments
1793	35,334				

Half cent Liberty Cap, Right

	Mintage	Grade	Date purchased	Amount paid	Comments
1794	81,600				
1795	139,690				
1796 With Pole	1,390				
1796 No Pole	Incl. above				
1797 Plain Edge	127,840				
1797 Lettered Edge	Incl. above				
1797 Gripped Edge	Incl. above				

Half cent Draped Bust

	Mintage	Grade	Date purchased	Amount paid	Comments
1800	202,908				
1802/0	20,266				
1802/0 rev of 1800	Incl. above				
1803	92,000				
1804	1,055,312				

Cent Liberty Cap

	Mintage	Grade	Date purchased	Amount paid	Comments
1793	11,056				
1794 Head of '93	918,521				
1794	Incl. above				
1794 Starred	Incl. above				
1795 Plain Edge	538,500				
1795 Lettered Edge	Incl. above				
1795 Jefferson Head, Plain Edge	Incl. above				
1796	109,825				

Cent Draped Bust

	Mintage	Grade	Date purchased	Amount paid	Comments
1796 Reverse of 1794	363,375				
1796 Reverse of 1796	Incl. above				
1796 Reverse of 1797	Incl. above				
1796 LIBERTY	Incl. above				
1797 Rev. of 1797, Stars	897,510				
1797 Gripped Edge '96	Incl. above				
1797 Plain Edge '96	Incl. above				
1797 Rev '97, Stemless	Incl. above				
1798 1st Hair Style	1,841,745				
1798 2nd Hair Style	Incl. above				
1798 Rev '96	Incl. above				
1798/7 1st Hair Style	Incl. above				
1799	42,540				
1799/8	Incl. above				

Cent Draped Bust (continued)

	Mintage	Grade	Date purchased	Amount paid	Comments
1800 Normal Date	2,822,175				
1800/1798 1st HS	Incl. above				
1800 80/79 2nd HS	Incl. above				
1801	1,362,837				
1801 3 Errors	Incl. above				
1801 1/000	Incl. above				
1801 1/100 over 1/000	Incl. above				
1802	3,435,100				
1802 Stemless	Incl. above				
1802 1/000	Incl. above				
1803	3,131,691				
1803 LD, Small Fraction	Incl. above				
1803 LD, Large Fraction	Incl. above				
1803 Stemless	Incl. above				
1803 1/100 over 1/000	Incl. above				
1804	96,500				
1805	941,116				
1806	348,000				
1807 Large Fraction	829,221				
1807 Small Fraction	Incl. above				
1807/6 Large 7	Incl. above				
1807/6 Small 7	Incl. above				

Cent Classic Head

	Mintage	Grade	Date purchased	Amount paid	Comments
1808	1,007,000				
1809	222,867				
1810	1,458,500				
1810 10/09	Incl. above				
1811	218,025				
1811/0	Incl. above				
1812	1,075,500				
1813	418,000				
1814	357,830				

Cent Coronet

	Mintage	Grade	Date purchased	Amount paid	Comments
1816	2,820,982				
1817 13 Stars	3,948,400				
1817 15 Stars	Incl. above				
1818	3,167,000				
1819	2,671,000				
1819/8	Incl. above				
1820	4,407,550				
1820/19	Incl. above				
1821	389,000				
1822	2,072,339				
1823	68,061				
1823/2	Incl. above				
1824	1,193,939				
1824/2	Incl. above				
1825	1,461,100				
1826	1,517,425				
1826/5	Incl. above				
1827	2,357,732				
1828 LD	2,260,624				
1828 SD	Incl. above				
1829 Lg. Letters	1,414,500				
1829 Md. Letters	Incl. above				
1830 Lg. Letters	1,711,500				
1830 Md. Letters	Incl. above				
1831	3,539,260				
1832	2,362,000				
1833	2,739,000				
1834	1,855,100				
1834 Lg. 8, Stars, rev. Letters	Incl. above				
1834 Lg. 8, Stars, Md. Letters	Incl. above				
1835	3,878,400				
1835 Type 36	Incl. above				
1836	2,111,000				
1837	5,558,300				
1838	6,370,200				
1839 Head of '38	Incl. above				
1839/6	3,128,661				
1839 Silly Head	Incl. above				
1839 Booby Head	Incl. above				
1839	Incl. above				
1840	2,462,700				
1840 SD, Lg. 18	Incl. above				

Cent Coronet (continued)

	Mintage	Grade	Date purchased	Amount paid	Comments
1841 SD	1,597,367				
1842	2,383,390				
1843 Petite Sm Letters	2,425,342				
1843 Mature Lg Letters	Incl. above				
1843 Petite Lg Letters	Incl. above				
1844	2,398,752				
1844/81	Incl. above				
1845	3,894,804				
1846	4,120,800				
1846 SD	Incl. above				
1847	6,183,669				
1847 7/Sm 7	Incl. above				
1848	6,415,799				
1849	4,178,500				
1850	4,426,844				
1851	9,889,707				
1851/81	Incl. above				
1852	5,063,094				
1853	6,641,131				
1854	4,236,156				
1855	1,574,829				
1855 Slant 5, Knob	Incl. above				
1856	2,690,463				
1857 Sm. Date	333,456				
1857 Lg. Date	Incl. above				

Cent Flying Eagle

	Mintage	Grade	Date purchased	Amount paid	Comments
1856	(Pattern)				
1857	17,450,000				
1858 Large Letters	24,600,000				
1858 Small Letters	Incl. above				
1858/7	Incl. above				

Cent Indian Head

	Mintage	Grade	Date purchased	Amount paid	Comments
1859	36,400,000				
1860 Shield added	20,566,000				
1861	10,100,000				
1862	28,075,000				
1863	49,840,000				
1864 copper-nickel	13,740,000				
1864 bronze	39,233,714				
1864 bronze, Initial L	Incl. above				
1865	35,429,286				
1866	9,826,000				
1867	9,821,000				
1868	10,266,500				
1869	6,420,000				
1869/9	Incl. above				
1870	5,275,000				
1871	3,929,500				
1872	4,042,000				
1873 Open 3	11,676,500				
1873 Closed 3	Incl. above				
1873 Doubled LIBERTY	Incl. above				
1874	14,187,500				
1875	13,528,000				
1876	7,944,000				
1877	852,000				
1878	5,797,500				
1879	16,228,000				
1880	38,961,000				
1881	39,208,000				
1882	38,578,000				
1883	45,591,500				
1884	23,257,800				
1885	11,761,594				
1886	17,650,000				
1887	45,223,523				
1888	37,489,832				
1888/7	Incl. above				
1889	48,866,025				
1890	57,180,114				
1891	47,070,000				
1892	37,647,087				
1893	46,640,000				
1894	16,749,500				
1895	38,341,574				
1896	39,055,431				
1897	50,464,392				
1898	49,821,284				
1899	53,598,000				
1900	66,821,284				
1901	79,609,158				

Cent Indian Head (continued)

	Mintage	Grade	Date purchased	Amount paid	Comments
1902	87,374,704				
1903	85,092,703				
1904	61,326,198				
1905	80,717,011				
1906	96,020,530				
1907	108,137,143				
1908	32,326,367				
1908-S	1,115,000				
1909	14,368,470				
1909-S	309,000				

Cent Lincoln, Wheat Ears or Memorial

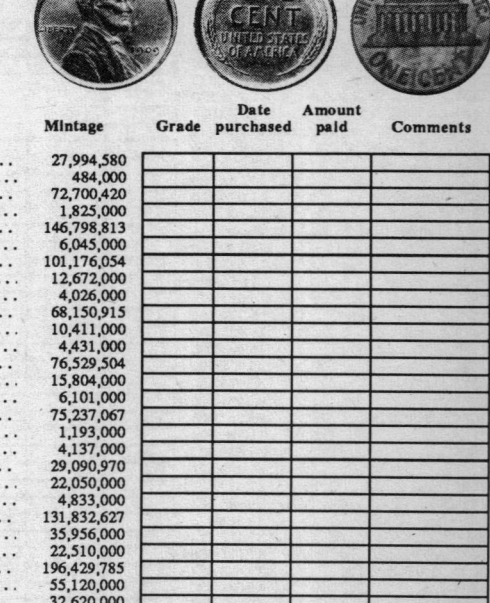

	Mintage	Grade	Date purchased	Amount paid	Comments
1909 VDB	27,994,580				
1909-S VDB	484,000				
1909	72,700,420				
1909-S	1,825,000				
1910	146,798,813				
1910-S	6,045,000				
1911	101,176,054				
1911-D	12,672,000				
1911-S	4,026,000				
1912	68,150,915				
1912-D	10,411,000				
1912-S	4,431,000				
1913	76,529,504				
1913-D	15,804,000				
1913-S	6,101,000				
1914	75,237,067				
1914-D	1,193,000				
1914-S	4,137,000				
1915	29,090,970				
1915-D	22,050,000				
1915-S	4,833,000				
1916	131,832,627				
1916-D	35,956,000				
1916-S	22,510,000				
1917	196,429,785				
1917-D	55,120,000				
1917-S	32,620,000				
1918	288,104,634				
1918-D	47,830,000				
1918-S	34,680,000				
1919	392,021,000				
1919-D	57,154,000				
1919-S	139,760,000				
1920	310,165,000				

Cent Lincoln, Wheat Ears (continued)

	Mintage	Grade	Date purchased	Amount paid	Comments
1920-D	49,280,000				
1920-S	46,220,000				
1921	39,157,000				
1921-S	15,274,000				
1922-D	7,160,000				
1922 Plain	Incl. above				
1923	74,723,000				
1923-S	8,700,000				
1924	75,178,000				
1924-D	2,520,000				
1924-S	11,696,000				
1925	139,949,000				
1925-D	22,580,000				
1925-S	26,380,000				
1926	157,088,000				
1926-D	28,020,000				
1926-S	4,550,000				
1927	144,440,000				
1927-D	27,170,000				
1927-S	14,276,000				
1928	134,116,000				
1928-D	31,170,000				
1928-S	17,266,000				
1929	185,262,000				
1929-D	41,730,000				
1929-S	50,148,000				
1930	157,415,000				
1930-D	40,100,000				
1930-S	24,286,000				
1931	19,396,000				
1931-D	4,480,000				
1931-S	866,000				
1932	9,062,000				
1932-D	10,500,000				
1933	14,360,000				
1933-D	6,200,000				
1934	219,080,000				
1934-D	28,446,000				
1935	245,388,000				
1935-D	47,000,000				
1935-S	38,702,000				
1936	309,632,000				
1936-D	40,620,000				
1936-S	29,130,000				
1936 Proof	5,569				
1937	309,170,000				
1937-D	50,430,000				
1937-S	34,500,000				
1937 Proof	9,320				
1938	156,682,000				
1938-D	20,010,000				
1938-S	15,180,000				
1938 Proof	14,734				
1939	316,466,000				
1939-D	15,160,000				
1939-S	52,070,000				
1939 Proof	13,520				
1940	586,810,000				
1940-D	81,390,000				

Cent Lincoln, Wheat Ears (continued)

	Mintage	Grade	Date purchased	Amount paid	Comments
1940-S	112,940,000				
1940 Proof	15,872				
1941	887,018,000				
1941-D	128,700,000				
1941-S	92,460,000				
1941 Proof	21,100				
1942	657,796,000				
1942-D	206,698,000				
1942-S	85,590,000				
1942 Proof	32,600				
1943	684,628,670				
1943-D	217,660,000				
1943-S	191,550,000				
1944	1,435,400,000				
1944-D	430,578,000				
1944-D/S Variety 1	Incl. above				
1944-D/S Variety 2	Incl. above				
1944-S	282,760,000				
1945	1,040,515,000				
1945-D	226,268,000				
1945-S	181,770,000				
1946	991,655,000				
1946-D	315,690,000				
1946-S	198,100,000				
1947	190,555,000				
1947-D	194,750,000				
1947-S	99,000,000				
1948	317,570,000				
1948-D	172,630,500				
1948-S	81,735,000				
1949	217,775,000				
1949-D	153,132,500				
1949-S	64,290,000				
1950	272,635,000				
1950 Proof	51,386				
1950-D	334,950,000				
1950-S	118,505,000				
1951	294,576,000				
1951 Proof	57,500				
1951-D	625,355,000				
1951-S	136,010,000				
1952	186,765,000				
1952 Proof	81,980				
1952-D	746,130,000				
1952-S	137,800,004				
1953	256,755,000				
1953 Proof	128,800				
1953-D	700,515,000				
1953-S	181,835,000				
1954	71,640,050				
1954 Proof	233,350				
1954-D	251,552,500				
1954-S	96,190,000				
1955	330,580,000				
1955 Proof	378,200				
1955 Doubled Die	Incl. above				
1955-D	563,257,500				
1955-S	44,610,000				
1956	420,745,000				

Cent Lincoln, Wheat Ears or Memorial (continued)

	Mintage	Grade	Date purchased	Amount paid	Comments
1956 Proof	669,384				
1956-D	1,098,210,100				
1957	282,540,000				
1957 Proof	1,247,952				
1957-D	1,051,342,000				
1958	252,525,000				
1958 Proof	875,652				
1958-D	800,953,300				
1959 Memorial reverse	609,715,000				
1959 Proof	1,149,291				
1959-D	1,279,760,000				
1960 Large Date	586,405,000				
1960 Small Date	Incl. above				
1960 Proof	1,691,602				
1960-D Large Date	1,580,884,000				
1960-D Small Date	Incl. above				
1961	753,345,000				
1961 Proof	3,028,244				
1961-D	1,753,266,700				
1962	606,045,000				
1962 Proof	3,218,019				
1962-D	1,793,148,400				
1963	754,110,000				
1963 Proof	3,075,645				
1963-D	1,774,020,400				
1964	2,648,575,000				
1964 Proof	3,950,762				
1964-D	3,799,071,500				
1965	1,497,224,900				
1966	2,188,147,783				
1967	3,048,667,100				
1968	1,707,880,970				
1968-D	2,886,269,600				
1968-S	258,270,001				
1968-S Proof	3,041,506				
1969	1,136,910,000				
1969-D	4,002,832,200				
1969-S	544,375,000				
1969-S Proof	2,934,631				
1970	1,898,315,000				
1970-D	2,891,438,900				
1970-S Large Date	690,560,004				
1970-S Small Date	Incl. above				
1970-S Proof	2,632,810				
1971	1,919,490,000				
1971-D	2,911,045,600				
1971-S	525,130,054				
1971-S Proof	3,220,733				
1972	2,933,255,000				
1972 Doubled Die	Incl. above				
1972-D	2,655,071,400				
1972-S	376,932,437				
1972-S Proof	3,260,996				
1973	3,728,245,000				
1973-D	3,549,576,588				
1973-S	317,168,010				
1973-S Proof	2,760,339				
1974	4,232,140,523				
1974-D	4,235,098,000				

Cent Lincoln, Memorial (continued)

	Mintage	Grade	Date purchased	Amount paid	Comments
1974-S	409,421,878				
1974-S Proof	2,612,568				
1975	5,451,476,142				
1975-D	4,505,275,300				
1975-S Proof	2,845,450				
1976	4,674,292,426				
1976-D	4,221,592,455				
1976-S Proof	4,123,056				
1977	4,469,930,000				
1977-D	4,194,062,300				
1977-S Proof	3,236,798				
1978	5,558,605,000				
1978-D	4,280,233,400				
1978-S Proof	3,120,285				
1979	6,018,515,000				
1979-D	4,139,357,254				
1979-S Proof	3,677,175				
1980	7,414,705,000				
1980-D	5,140,098,660				
1980-S Proof	3,554,806				
1981	7,491,750,000				
1981-D	5,373,235,677				
1981-S Proof	4,063,083				
1982 Large Date, copper	10,712,525,000				
1982 Small Date, copper	Incl. above				
1982 Large Date, zinc	Incl. above				
1982 Small Date, zinc	Incl. above				
1982-D Large date, copper	6,012,979,368				
1982-D Large Date, zinc	Incl. above				
1982-D Small Date, zinc	Incl. above				
1982--S Proof	3,857,479				
1983	7,571,590,000				
1983 Doubled Die	Incl. above				
1983-D	6,467,199,428				
1983-S Proof	3,138,765				
1984	8,151,079,000				
1984 Doubled Die	Incl. above				
1984-D	5,569,238,906				
1984-S Proof	2,748,430				
1985	4,951,904,887				
1985-D	5,287,399,926				
1985-S Proof	3,362,821				
1986	4,491,395,493				
1986-D	4,442,866,698				
1986-S Proof	2,411,180				
1987	4,682,466,931				
1987-D	4,879,389,514				
1987-S Proof	3,715,041				
1988					
1988-D					
1988-S Proof					
1989					
1989-D					
1989-S Proof					
1990					
1990-D					
1990-S Proof					

2 cents

	Mintage	Grade	Date purchased	Amount paid	Comments
1864 Small Motto	19,847,500				
1864 Large Motto	Incl. above				
1865	13,640,000				
1866	3,177,000				
1867	2,938,750				
1868	2,803,750				
1869	1,546,500				
1869/8	Incl. above				
1870	861,250				
1871	721,250				
1872	65,000				
1873 Proof	1,000(R)				

3 cents copper-nickel

	Mintage	Grade	Date purchased	Amount paid	Comments
1865	11,382,000				
1866	4,801,000				
1867	3,915,000				
1868	3,252,000				
1869	1,604,000				
1870	1,335,000				
1871	604,000				
1872	862,000				
1873 Open 3	1,173,000				
1873 Closed 3	Incl. above				
1874	790,000				
1875	228,000				
1876	162,000				
1877 Proof	510				
1878 Proof	2,350				
1879	38,000				
1880	21,000				
1881	1,077,000				
1882	22,200				
1883	4,000				
1884	1,700				
1885	1,000				
1886 Proof	4,290				

3 cents copper-nickel (continued)

	Mintage	Grade	Date purchased	Amount paid	Comments
1887	5,001				
1887/6 Proof	Less than 2,960				
1888	36,501				
1889	18,125				

3 cents silver

	Mintage	Grade	Date purchased	Amount paid	Comments
1851	5,447,400				
1851-O	720,000				
1852	18,663,500				
1853	11,400,000				
1854	671,000				
1855	139,000				
1856	1,458,000				
1857	1,042,000				
1858	1,604,000				
1859	365,000				
1860	286,000				
1861	497,000				
1862	343,000				
1862/1	Incl. above				
1863	21,000				
1863/2	Incl. above				
1864	12,000				
1865	8,000				
1866	22,000				
1867	4,000				
1868	3,500				
1869	4,500				
1869/8	Incl. above				
1870	3,000				
1871	3,400				
1872	1,000				
1873 Proof	600				

5 cents Shield

	Mintage	Grade	Date purchased	Amount paid	Comments
1866 Rays	14,742,500				

5 cents Shield (continued)

	Mintage	Grade	Date purchased	Amount paid	Comments
1867 Rays	30,909,500				
1867 No Rays	Incl. above				
1868	28,817,000				
1869	16,395,000				
1870	4,806,000				
1871	561,000				
1872	6,036,000				
1873 Open 3	4,550,000				
1873 Closed 3	Incl. above				
1874	3,538,000				
1875	2,097,000				
1876	2,530,000				
1877 Proof	510				
1878 Proof	2,350				
1879	25,900				
1880	16,000				
1881	68,800				
1882	11,473,500				
1883	1,451,500				
1883/2	Incl. above				

5 cents Liberty Head

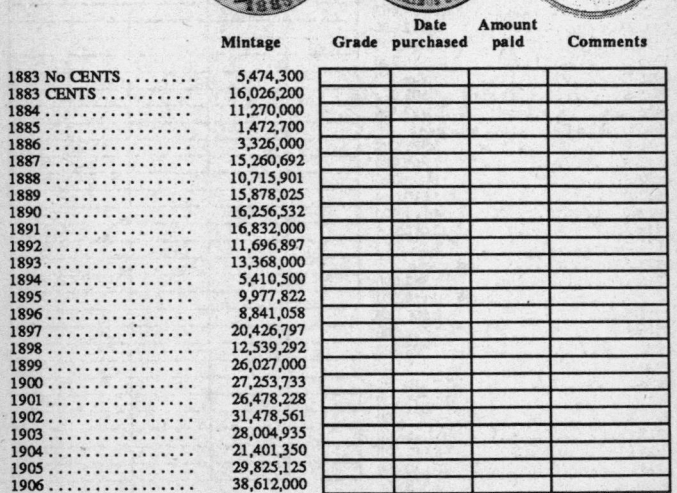

	Mintage	Grade	Date purchased	Amount paid	Comments
1883 No CENTS	5,474,300				
1883 CENTS	16,026,200				
1884	11,270,000				
1885	1,472,700				
1886	3,326,000				
1887	15,260,692				
1888	10,715,901				
1889	15,878,025				
1890	16,256,532				
1891	16,832,000				
1892	11,696,897				
1893	13,368,000				
1894	5,410,500				
1895	9,977,822				
1896	8,841,058				
1897	20,426,797				
1898	12,539,292				
1899	26,027,000				
1900	27,253,733				
1901	26,478,228				
1902	31,478,561				
1903	28,004,935				
1904	21,401,350				
1905	29,825,125				
1906	38,612,000				

5 cents Liberty Head (continued)

	Mintage	Grade	Date purchased	Amount paid	Comments
1907	39,213,325				
1908	22,684,557				
1909	11,585,763				
1910	30,166,948				
1911	39,557,639				
1912	26,234,569				
1912-D	8,474,000				
1912-S	238,000				

5 cents Indian Head

	Mintage	Grade	Date purchased	Amount paid	Comments
1913 Bison on Mound	30,992,000				
1913-D Bison on Mound	5,337,000				
1913-S Bison on Mound	2,105,000				
1913 Bison on Plain	29,857,186				
1913-D Bison on Plain	4,156,000				
1913-S Bison on Plain	1,209,000				
1914	20,664,463				
1914-D	3,912,000				
1914-S	3,470,000				
1915	20,986,220				
1915-D	7,569,500				
1915-S	1,505,000				
1916	63,497,466				
1916 Doubled Die	Incl. above				
1916-D	13,333,000				
1916-S	11,860,000				
1917	51,424,029				
1917-D	9,910,800				
1917-S	4,193,000				
1918	32,086,314				
1918-D	8,362,000				
1918/17-D	Incl. above				
1918-S	4,882,000				
1919	60,868,000				
1919-D	8,006,000				
1919-S	7,521,000				
1920	63,093,000				
1920-D	9,418,000				
1920-S	9,689,000				
1921	10,633,000				
1921-S	1,557,000				
1923	35,715,000				
1923-S	6,142,000				
1924	21,620,000				
1924-D	5,258,000				

5 cents Indian Head (continued)

	Mintage	Grade	Date purchased	Amount paid	Comments
1924-S	1,437,000				
1925	35,565,100				
1925-D	4,450,000				
1925-S	6,286,000				
1926	44,693,000				
1926-D	5,638,000				
1926-S	970,000				
1927	37,981,000				
1927-D	5,730,000				
1927-S	3,430,000				
1928	23,411,000				
1928-D	6,436,000				
1928-S	6,936,000				
1929	36,446,000				
1929-D	8,370,000				
1929-S	7,754,000				
1930	22,849,000				
1930-S	5,435,000				
1931-S	1,200,000				
1934	20,213,003				
1934-D	7,480,000				
1935	58,264,000				
1935-D	12,092,000				
1935-S	10,300,000				
1936	118,997,000				
1936-D	24,814,000				
1936-S	14,930,000				
1936 Proof	4,420				
1937	79,480,000				
1937-D	17,826,000				
1937-D 3 Legs	Incl. above				
1937-S	5,635,000				
1937 Proof	5,769				
1938-D	7,020,000				
1938-D/S	Incl. above				
1938 Proof	19,365				

5 cents Jefferson

	Mintage	Grade	Date purchased	Amount paid	Comments
1938	19,496,000				
1938-D	5,376,000				
1938-S	4,105,000				
1939	120,615,000				
1939 Doubled Die	Incl. above				
1939-D	3,514,000				
1939-S	6,630,000				

5 cents Jefferson (continued)

	Mintage	Grade	Date purchased	Amount paid	Comments
1939 Proof	12,535				
1940	176,485,000				
1940-D	43,540,000				
1940-S	39,690,000				
1940 Proof	14,158				
1941	203,265,000				
1941-D	53,432,000				
1941-S	43,445,000				
1941 Proof	18,720				
1942	49,789,000				
1942-P	57,873,000				
1942-D	13,938,000				
1942-S	32,900,000				
1942 Proof	57,200				
1943-P	271,165,000				
1943/2-P	Incl. above				
1943-D	15,294,000				
1943-S	104,060,000				
1944-P	119,150,000				
1944-D	32,309,000				
1944-S	21,640,000				
1945-P	119,408,100				
1945-D	37,158,000				
1945-S	58,939,000				
1946	161,116,000				
1946-D	45,292,200				
1946-S	13,560,000				
1947	95,000,000				
1947-D	37,822,000				
1947-S	24,720,000				
1948	89,348,000				
1948-D	44,734,000				
1948-S	11,300,000				
1949	60,652,000				
1949-D	36,498,000				
1949-D/S	Incl. above				
1949-S	9,716,000				
1950	9,796,000				
1950 Proof	51,386				
1950-D	2,630,030				
1951	28,552,000				
1951 Proof	57,500				
1951-D	20,460,000				
1951-S	7,776,000				
1952	63,988,000				
1952 Proof	81,980				
1952-D	30,638,000				
1952-S	20,572,000				
1953	46,644,000				
1953 Proof	128,800				
1953-D	59,878,600				
1953-S	19,210,900				
1954	47,684,050				
1954 Proof	233,350				
1954-D	117,136,560				
1954-S	29,384,000				
1954 S/D	Incl. above				
1955	7,888,000				
1955 Proof	378,200				

5 cents Jefferson (continued)

	Mintage	Grade	Date purchased	Amount paid	Comments
1955-D	74,464,100				
1955 D/S Variety 1	Incl. above				
1956	35,216,000				
1956 Proof	669,384				
1956-D	67,222,640				
1957	38,408,000				
1957 Proof	1,247,952				
1957-D	136,828,900				
1958	17,088,000				
1958 Proof	875,652				
1958-D	168,249,120				
1959	27,248,000				
1959 Proof	1,149,291				
1959-D	160,738,240				
1960	55,416,000				
1960 Proof	1,691,602				
1960-D	192,582,180				
1961	73,640,000				
1961 Proof	3,028,244				
1961-D	229,342,760				
1962	97,384,000				
1962 Proof	3,218,019				
1962-D	280,195,720				
1963	175,776,000				
1963 Proof	3,075,645				
1963-D	276,829,460				
1964	1,024,672,000				
1964 Proof	3,950,762				
1964-D	1,787,297,160				
1965	136,131,380				
1966	156,208,283				
1967	107,325,800				
1968-D	91,227,880				
1968-S	100,396,001				
1968-S Proof	3,041,506				
1969-D	202,807,500				
1969-S	120,165,000				
1969-S Proof	2,934,631				
1970-D	515,485,380				
1970-S	238,832,004				
1970-S Proof	2,632,810				
1971	106,884,000				
1971-D	316,144,800				
1971-S Proof	3,220,733				
1972	202,036,000				
1972-D	351,694,600				
1972-S Proof	3,260,996				
1973	384,396,000				
1973-D	261,405,400				
1973-S Proof	2,760,339				
1974	601,752,000				
1974-D	277,373,000				
1974-S Proof	2,612,568				
1975	181,772,000				
1975-D	401,875,300				
1975-S Proof	2,845,450				
1976	367,124,000				
1976-D	563,964,147				
1976-S Proof	4,123,056				

5 cents Jefferson (continued)

	Mintage	Grade	Date purchased	Amount paid	Comments
1977	585,376,000				
1977-D	297,313,422				
1977-S Proof	3,236,798				
1978	391,308,000				
1978-D	313,092,780				
1978-S Proof	3,120,285				
1979	463,188,000				
1979-D	325,867,672				
1979-S Proof	3,677,175				
1980-P	593,004,000				
1980-D	502,323,448				
1980-S Proof	3,554,806				
1981-P	657,504,000				
1981-D	364,801,843				
1981-S Proof	4,063,083				
1982-P	292,355,000				
1982-D	373,726,544				
1982-S Proof	3,857,479				
1983-P	561,615,000				
1983-D	536,726,276				
1983-S Proof	3,138,765				
1984-P	746,769,000				
1984-D	517,675,146				
1984-S Proof	2,748,430				
1985-P	647,114,962				
1985-D	459,747,446				
1985-S Proof	3,362,821				
1986-P	536,883,493				
1986-D	361,819,144				
1986-S Proof	2,411,180				
1987-P	371,499,481				
1987-D	410,590,604				
1987-S Proof	3,715,041				
1988-P					
1988-D					
1988-S Proof					
1989-P					
1989-D					
1989-S Proof					
1990-P					
1990-D					
1990-S Proof					

Half dime Flowing Hair

	Mintage	Grade	Date purchased	Amount paid	Comments
1794	7,756				
1795	78,660				

Half dime Draped Bust, Small Eagle or Heraldic Eagle

	Mintage	Grade	Date purchased	Amount paid	Comments
1796 Small Eagle	10,230				
1796/5	Incl. above				
1796 LIKERTY	Incl. above				
1797 15 Stars	44,527				
1797 16 Stars	Incl. above				
1797 13 Stars	Incl. above				
1800 Heraldic Eagle	24,000				
1800 LIBEKTY	Incl. above				
1801	33,910				
1802	13,010				
1803	37,850				
1805	15,600				

Half dime Capped Bust

	Mintage	Grade	Date purchased	Amount paid	Comments
1829	1,230,000				
1830	1,240,000				
1831	1,242,700				
1832	965,000				
1833	1,370,000				
1834	1,480,000				
1835	2,760,000				
1836	1,900,000				
1837 Small 5c	871,000				
1837 Large 5c	Incl. above				

Half dime Seated Liberty

	Mintage	Grade	Date purchased	Amount paid	Comments
1837	1,405,000				
1837 SD	Incl. above				
1838 Stars, No Drapery	2,255,000				
1838 Small Stars	Incl. above				
1838-O No Stars	115,000				
1839 No Drapery	1,069,150				
1839-O No Drapery	981,550				
1839-O Large O	Incl. above				
1840 No Drapery	1,344,085				
1840 Drapery	Incl. above				
1840-O No Drapery	935,000				
1840-O Drapery	Incl. above				
1841	1,150,000				
1841-O	815,000				
1842	815,000				
1842-O	350,000				
1843	1,165,000				
1844	430,000				
1844-O	220,000				
1845	1,564,000				
1846	27,000				
1847	1,274,000				
1848	668,000				
1848 LD	Incl. above				
1848-O	600,000				
1849/6	1,309,000				
1849/8	Incl. above				
1849	Incl. above				
1849-O	140,000				
1850	955,000				
1850-O	690,000				
1851	781,000				
1851-O	860,000				
1852	1,000,500				
1852-O	260,000				
1853 No Arrows	135,000				
1853 Arrows	13,210,020				
1853-O No Arrows	160,000				
1853-O Arrows	2,200,000				
1854 Arrows	5,740,000				
1854-O Arrows	1,560,000				
1855 Arrows	1,750,000				
1855-O Arrows	600,000				
1856 No Arrows	4,880,000				
1856-O No Arrows	1,100,000				
1857	7,280,000				
1857-O	1,380,000				
1858	3,500,000				
1858/Inv	Incl. above				
1858/1858	Incl. above				
1858-O	1,660,000				
1859	340,000				

Half dime Seated Liberty (continued)

	Mintage	Grade	Date purchased	Amount paid	Comments
1859-O	560,000				
1860 Legend	798,000				
1860-O	1,060,000				
1861	3,360,000				
1861/O	Incl. above				
1862	1,492,000				
1863	18,000				
1863-S	100,000				
1864	48,000				
1864-S	90,000				
1865	13,000				
1865-S	120,000				
1866	10,000				
1866-S	120,000				
1867	8,000				
1867-S	120,000				
1868	88,600				
1868-S	280,000				
1869	208,000				
1869-S	230,000				
1870	535,600				
1871	1,873,000				
1871-S	161,000				
1872	2,947,000				
1872-S In Wreath	837,000				
1872-S Below Wreath	Incl. above				
1873	712,000				
1873-S	324,000				

Dime Draped Bust, Small Eagle or Heraldic Eagle

	Mintage	Grade	Date purchased	Amount paid	Comments
1796 Small Eagle	22,135				
1797 16 Stars	25,261				
1797 13 Stars	Incl. above				
1798/97 Heraldic Eagle	27,550				
1798/97 13 Stars	Incl. above				
1798	Incl. above				
1798 Small 8	Incl. above				
1800	21,760				
1801	34,640				
1802	10,975				
1803	33,040				
1804	8,265				
1805	120,780				
1805 5 Berries	Incl. above				
1807	165,000				

Dime Capped Bust

	Mintage	Grade	Date purchased	Amount paid	Comments
1809	51,065				
1811/9	65,180				
1814 Small Date	421,500				
1814 Large Date	Incl. above				
1814 S of A	Incl. above				
1820 Large O	942,587				
1820 Small O	Incl. above				
1820 S of A	Incl. above				
1821 Small Date	1,186,512				
1821 Large Date	Incl. above				
1822	100,000				
1823/2	440,000				
1824/2	100,000				
1825	410,000				
1827	1,215,000				
1828 Large Date	125,000				
1828 Small Date	Incl. above				
1829 Curl Base 2	770,000				
1829 Small 10c	Incl. above				
1829 Large 10c	Incl. above				
1830	510,000				
1830/29	Incl. above				
1831	771,350				
1832	522,500				
1833	485,000				
1834	635,000				
1835	1,410,000				
1836	1,190,000				
1837	359,500				

Dime Seated Liberty

	Mintage	Grade	Date purchased	Amount paid	Comments
1837 No Stars, All Vars	682,500				
1838 Small Stars	1,992,500				
1838 Large Stars	Incl. above				
1838-O	406,034				
1839	1,053,115				

Dime Seated Liberty (continued)

	Mintage	Grade	Date purchased	Amount paid	Comments
1839-O	1,323,000				
1840 No Drapery	1,358,580				
1840 Drapery	Incl. above				
1840-O No Drapery	1,175,000				
1841	1,622,500				
1841-O	2,007,500				
1842	1,887,500				
1842-O	2,020,000				
1843	1,370,000				
1843-O	50,000				
1844	72,500				
1845	1,755,000				
1845-O	230,000				
1846	31,300				
1847	245,000				
1848	451,500				
1849	839,000				
1849-O	300,000				
1850	1,931,500				
1850-O	510,000				
1851	1,026,500				
1851-O	400,000				
1852	1,535,500				
1852-O	430,000				
1853 No Arrows	95,000				
1853 Arrows	12,078,010				
1853-O Arrows	1,100,000				
1854 Arrows	4,470,000				
1854-O Arrows	1,770,000				
1855 Arrows	2,075,000				
1856 SD No Arrows	5,780,000				
1856 Large Date	Incl. above				
1856-O	1,180,000				
1856-S	70,000				
1857	5,580,000				
1857-O	1,540,000				
1858	1,540,000				
1858-O	290,000				
1858-S	60,000				
1859	430,000				
1859-O	480,000				
1859-S	60,000				
1860 Legend	606,000				
1860-O	40,000				
1860-S	140,000				
1861	1,883,000				
1861-S	172,500				
1862	847,000				
1862-S	180,750				
1863	14,000				
1863-S	157,500				
1864	11,000				
1864-S	230,000				
1865	10,000				
1865-S	175,000				
1866	8,000				
1866-S	135,000				
1867	6,000				
1867-S	140,000				

Dime Seated Liberty (continued)

	Mintage	Grade	Date purchased	Amount paid	Comments
1868	464,000				
1868-S	260,000				
1869	256,000				
1869-S	450,000				
1870	470,500				
1870-S	50,000				
1871	906,750				
1871-CC	20,100				
1871-S	320,000				
1872	2,395,500				
1872-CC	35,480				
1872-S	190,000				
1873 Closed 3	1,568,000				
1873 Open 3	Incl. above				
1873 Arrows	2,377,700				
1873-CC Arrows	18,791				
1873-S	455,000				
1874	2,940,000				
1874-CC	10,817				
1874-S	240,000				
1875 No Arrows	10,350,000				
1875-CC Below Wreath	4,645,000				
1875-CC In Wreath	Incl. above				
1875-S Below Wreath	9,070,000				
1876	11,460,000				
1876-CC	8,270,000				
1876-S	10,420,000				
1877	7,310,000				
1877-CC	7,700,000				
1877-S	2,340,000				
1878	1,678,000				
1878-CC	200,000				
1879	14,000				
1880	36,000				
1881	24,000				
1882	3,910,000				
1883	7,674,673				
1884	3,365,505				
1884-S	564,969				
1885	2,532,497				
1885-S	43,690				
1886	6,376,684				
1886-S	206,524				
1887	11,283,229				
1887-S	4,454,450				
1888	5,495,655				
1888-S	1,720,000				
1889	7,380,000				
1889-S	972,678				
1890	9,910,951				
1890-S	1,423,076				
1891	15,310,000				
1891-O	4,540,000				
1891-S	3,196,116				

Dime Barber

	Mintage	Grade	Date purchased	Amount paid	Comments
1892	12,120,000				
1892-O	3,841,700				
1892-S	990,710				
1893	3,340,000				
1893/2	Incl. above				
1893-O	1,760,000				
1893-S	2,491,401				
1894	1,330,000				
1894-O	720,000				
1894-S	24				
1895	690,000				
1895-O	440,000				
1895-S	1,120,000				
1896	2,000,000				
1896-O	610,000				
1896-S	575,056				
1897	10,868,533				
1897-O	666,000				
1897-S	1,342,844				
1898	16,320,000				
1898-O	2,130,000				
1898-S	1,702,507				
1899	19,580,000				
1899-O	2,650,000				
1899-S	1,867,493				
1900	17,600,000				
1900-O	2,010,000				
1900-S	5,168,270				
1901	18,859,665				
1901-O	5,620,000				
1901-S	593,022				
1902	21,380,000				
1902-O	4,500,000				
1902-S	2,070,000				
1903	19,500,000				
1903-O	8,180,000				
1903-S	613,300				
1904	14,600,357				
1904-S	800,000				
1905	14,551,623				
1905-O	3,400,000				
1905-S	6,855,199				
1906	19,957,731				
1906-D	4,060,000				
1906-O	2,610,000				
1906-S	3,136,640				
1907	22,220,000				
1907-D	4,080,000				
1907-O	5,058,000				
1907-S	3,178,470				

Dime Barber (continued)

	Mintage	Grade	Date purchased	Amount paid	Comments
1908	10,600,000				
1908-D	7,490,000				
1908-O	1,789,000				
1908-S	3,220,000				
1909	10,240,000				
1909-D	954,000				
1909-O	2,287,000				
1909-S	1,000,000				
1910	11,520,000				
1910-D	3,490,000				
1910-S	1,240,000				
1911	18,870,000				
1911-D	11,209,000				
1911-S	3,520,000				
1912	19,350,000				
1912-D	11,760,000				
1912-S	3,420,000				
1913	19,760,000				
1913-S	510,000				
1914	17,360,230				
1914-D	11,908,000				
1914-S	2,100,000				
1915	5,620,000				
1915-S	960,000				
1916	18,490,000				
1916-S	5,820,000				

Dime Winged Liberty Head

	Mintage	Grade	Date purchased	Amount paid	Comments
1916	22,180,080				
1916-D	264,000				
1916-S	10,450,000				
1917	55,230,000				
1917-D	9,402,000				
1917-S	27,330,000				
1918	26,680,000				
1918-D	22,674,800				
1918-S	19,300,000				
1919	35,740,000				
1919-D	9,939,000				
1919-S	8,850,000				
1920	59,030,000				
1920-D	19,171,000				
1920-S	13,820,000				
1921	1,230,000				
1921-D	1,080,000				
1923	50,130,000				

Dime Winged Liberty Head (continued)

	Mintage	Grade	Date purchased	Amount paid	Comments
1923-S	6,440,000				
1924	24,010,000				
1924-D	6,810,000				
1924-S	7,120,000				
1925	25,610,000				
1925-D	5,117,000				
1925-S	5,850,000				
1926	32,160,000				
1926-D	6,828,000				
1926-S	1,520,000				
1927	28,080,000				
1927-D	4,812,000				
1927-S	4,770,000				
1928	19,480,000				
1928-D	4,161,000				
1928-S	7,400,000				
1929	25,970,000				
1929-D	5,034,000				
1929-S	4,730,000				
1930	6,770,000				
1930-S	1,843,000				
1931	3,150,000				
1931-D	1,260,000				
1931-S	1,800,000				
1934	24,080,000				
1934-D	6,772,000				
1935	58,830,000				
1935-D	10,477,000				
1935-S	15,840,000				
1936	87,500,000				
1936-D	16,132,000				
1936-S	9,210,000				
1936 Proof	4,130				
1937	56,860,000				
1937-D	14,146,000				
1937-S	9,740,000				
1937 Proof	5,756				
1938	22,190,000				
1938-D	5,537,000				
1938-S	8,090,000				
1938 Proof	8,728				
1939	67,740,000				
1939-D	24,394,000				
1939-S	10,540,000				
1939 Proof	9,321				
1940	65,350,000				
1940-D	21,198,000				
1940-S	21,560,000				
1940 Proof	11,827				
1941	175,090,000				
1941-D	45,634,000				
1941-S	43,090,000				
1941 Proof	16,557				
1942/1	205,410,000				
1942/1-D	Incl. above				
1942	Incl. above				
1942-D	60,740,000				
1942-S	49,300,000				
1942 Proof	22,329				

Dime Winged Liberty Head (continued)

	Mintage	Grade	Date purchased	Amount paid	Comments
1943	191,710,000				
1943-D	71,949,000				
1943-S	60,400,000				
1944	231,410,000				
1944-D	62,224,000				
1944-S	49,490,000				
1945	159,130,000				
1945-D	40,245,000				
1945-S	41,920,000				
1945 Micro S	Incl. above				

Dime Roosevelt

	Mintage	Grade	Date purchased	Amount paid	Comments
1946	255,250,000				
1946-D	61,043,500				
1946-S	27,900,000				
1947	121,520,000				
1947-D	46,835,000				
1947-S	34,840,000				
1948	74,950,000				
1948-D	52,841,000				
1948-S	35,520,000				
1949	30,940,000				
1949-D	26,034,000				
1949-S	13,510,000				
1950	50,130,114				
1950 Proof	51,386				
1950-D	46,803,000				
1950-S	20,440,000				
1951	102,880,102				
1951 Proof	57,500				
1951-D	56,529,000				
1951-S	31,630,000				
1952	99,040,093				
1952 Proof	81,980				
1952-D	122,100,000				
1952-S	44,419,500				
1953	53,490,120				
1953 Proof	128,800				
1953-D	136,433,000				
1953-S	39,180,000				
1954	114,010,203				
1954 Proof	233,350				
1954-D	106,397,000				
1954-S	22,860,000				
1955	12,450,181				
1955 Proof	378,200				
1955-D	13,959,000				

Dime Roosevelt (continued)

	Mintage	Grade	Date purchased	Amount paid	Comments
1955-S	18,510,000				
1956	108,640,000				
1956 Proof	669,384				
1956-D	108,015,100				
1957	160,160,000				
1957 Proof	1,247,952				
1957-D	113,354,330				
1958	31,910,000				
1958 Proof	875,652				
1958-D	136,564,600				
1959	85,780,000				
1959 Proof	1,149,291				
1959-D	164,919,790				
1960	70,390,000				
1960 Proof	1,691,602				
1960-D	200,160,400				
1961	93,730,000				
1961 Proof	3,028,244				
1961-D	209,146,550				
1962	72,450,000				
1962 Proof	3,218,019				
1962-D	334,948,380				
1963	123,650,000				
1963 Proof	3,075,645				
1963-D	421,476,530				
1964	929,360,000				
1964 Proof	3,950,762				
1964-D	1,357,517,180				
1965	1,652,140,470				
1966	1,382,734,540				
1967	2,224,007,320				
1968	424,470,000				
1968-D	480,748,280				
1968-S Proof	3,041,506				
1969	145,790,000				
1969-D	563,323,870				
1969-S Proof	2,934,631				
1970	345,570,000				
1970-D	754,042,100				
1970-S Proof	2,632,810				
1971	162,690,000				
1971-D	377,914,240				
1971-S Proof	3,220,733				
1972	431,540,000				
1972-D	330,290,000				
1972-S Proof	3,260,996				
1973	315,670,000				
1973-D	455,032,426				
1973-S Proof	2,760,339				
1974	470,248,000				
1974-D	571,083,000				
1974-S Proof	2,612,568				
1975	585,673,900				
1975-D	313,705,300				
1975-S Proof	2,845,450				
1976	568,760,000				
1976-D	695,222,774				
1976-S Proof	4,123,056				
1977	796,930,000				

Dime Roosevelt (continued)

	Mintage	Grade	Date purchased	Amount paid	Comments
1977-D	376,607,228				
1977-S Proof	3,236,798				
1978	663,980,000				
1978-D	282,847,540				
1978-S Proof	3,120,285				
1979	315,440,000				
1979-D	390,921,184				
1979-S Proof	3,677,175				
1980-P	735,170,000				
1980-D	719,354,321				
1980-S Proof	3,554,806				
1981-P	676,650,000				
1981-D	712,284,143				
1981-S Proof	4,063,083				
1982-P	519,475,000				
1982 No Mint Mark, Strong Strike	Incl. above				
1982-D	542,713,584				
1982-S Proof	3,857,479				
1983-P	647,025,000				
1983-D	730,129,224				
1983-S Proof	3,138,765				
1984-P	856,669,000				
1984-D	704,803,976				
1984-S Proof	2,748,430				
1985-P	705,200,962				
1985-D	587,979,970				
1985-S Proof	3,362,821				
1986-P	682,649,693				
1986-D	473,326,974				
1986-S Proof	2,411,180				
1987-P	762,709,481				
1987-D	653,203,402				
1987-S Proof	3,715,041				
1988-P					
1988-D					
1988-S					
1989-P					
1989-D					
1989-S					
1990-P					
1990-D					
1990-S					

20 cents

	Mintage	Grade	Date purchased	Amount paid	Comments
1875	38,500				
1875-CC	133,290				
1875-S	1,155,000				
1876	14,750				
1876-CC	10,000				
1877 Proof	510				
1878 Proof	600				

Quarter dollar Draped Bust, Small Eagle or Heraldic Eagle

	Mintage	Grade	Date purchased	Amount paid	Comments
1796 Small Eagle	6,146				
1804 Heraldic Eagle	6,738				
1805	121,394				
1806/5	286,424				
1806	Incl. above				
1807	140,343				

Quarter dollar Capped Bust

	Mintage	Grade	Date purchased	Amount paid	Comments
1815	89,235				
1818/5	361,174				
1818	Incl. above				
1819	144,000				
1820 Small O	127,444				
1820 Large O	Incl. above				
1821	216,851				
1822	64,080				
1822 25/50c	Incl. above				
1823/22	17,800				
1824/2	24,000				
1825/2	148,000				
1825	Incl. above				
1825/4	Incl. above				
1827	(R)				
1828	102,000				
1828 25/50c	Incl. above				
1831 No Motto	398,000				
1832	320,000				
1833	156,000				
1834	286,000				
1835	1,952,000				
1836	472,000				
1837	252,400				

Quarter dollar Seated Liberty

	Mintage	Grade	Date purchased	Amount paid	Comments
1838	366,000				
1838 No Drapery	466,000				
1839 No Drapery	491,146				
1840 Drapery	188,127				

Quarter dollar Seated Liberty (continued)

	Mintage	Grade	Date purchased	Amount paid	Comments
1840-O No Drapery	382,200				
1840-O Drapery	43,000				
1841	120,000				
1841-O	452,000				
1842 Large Date	88,000				
1842-O Small Date	769,000				
1842-O Large Date	Incl. above				
1843	645,600				
1843-O	968,000				
1844	421,200				
1844-O	740,000				
1845	922,000				
1846	510,000				
1847	734,000				
1847-O	368,000				
1848	146,000				
1849	340,000				
1849-O	16,000				
1850	190,800				
1850-O	396,000				
1851	160,000				
1851-O	88,000				
1852	177,060				
1852-O	96,000				
1853/53 Recut Date	44,200				
1853 Arrows & Rays	15,210,020				
1853/4 Arrows & Rays	Incl. above				
1853-O Arrows & Rays	1,332,000				
1854 Arrows	12,380,000				
1854-O Arrows	1,484,000				
1854-O Huge O	Incl. above				
1855 Arrows	2,857,000				
1855-O Arrows	176,000				
1855-S Arrows	396,400				
1856 No Arrows	7,264,000				
1856-O	968,000				
1856-S	286,000				
1856-S/S	Incl. above				
1857	9,644,000				
1857-O	1,180,000				
1857-S	82,000				
1858	7,368,000				
1858-O	520,000				
1858-S	121,000				
1859	1,344,000				
1859-O	260,000				
1859-S	80,000				
1860	804,400				
1860-O	388,000				
1860-S	56,000				
1861	4,853,600				
1861-S	96,000				
1862	932,000				
1862-S	67,000				
1863	191,600				
1864	93,600				
1864-S	20,000				
1865	58,800				
1865-S	41,000				

Quarter dollar Seated Liberty (continued)

	Mintage	Grade	Date purchased	Amount paid	Comments
1866 Motto	16,800				
1866-S	28,000				
1867	20,000				
1867-S	48,000				
1868	29,400				
1868-S	96,000				
1869	16,000				
1869-S	76,000				
1870	86,400				
1870-CC	8,340				
1871	117,200				
1871-CC	10,890				
1871-S	30,900				
1872	182,000				
1872-CC	22,850				
1872-S	83,000				
1873 Closed 3	212,000				
1873 Open 3	Incl. above				
1873 Arrows	1,271,160				
1873-CC Arrows	12,462				
1873-S Arrows	156,000				
1874 Arrows	471,200				
1874-S Arrows	392,000				
1875	4,292,800				
1875-CC	140,000				
1875-S	680,000				
1876	17,816,000				
1876-CC	4,944,000				
1876-S	8,596,000				
1877	10,911,200				
1877-CC	4,192,000				
1877-S	8,996,000				
1877-S/Horizontal S	Incl. above				
1878	2,260,000				
1878-CC	996,000				
1878-S	140,000				
1879	14,450				
1880	13,600				
1881	12,000				
1882	15,200				
1883	14,400				
1884	8,000				
1885	13,600				
1886	5,000				
1887	10,000				
1888	10,001				
1888-S	1,216,000				
1889	12,000				
1890	80,000				
1891	3,920,000				
1891-O	68,000				
1891-S	2,216,000				

Quarter dollar
Barber

	Mintage	Grade	Date purchased	Amount paid	Comments
1892	8,236,000				
1892-O	2,640,000				
1892-S	964,079				
1893	5,444,023				
1893-O	3,396,000				
1893-S	1,454,535				
1894	3,432,000				
1894-O	2,852,000				
1894-S	2,648,821				
1895	4,440,000				
1895-O	2,816,000				
1895-S	1,764,611				
1896	3,874,000				
1896-O	1,484,000				
1896-S	188,039				
1897	8,140,000				
1897-O	1,414,800				
1897-S	542,229				
1898	11,100,000				
1898-O	1,868,000				
1898-S	1,020,592				
1899	12,624,000				
1899-O	2,644,000				
1899-S	708,000				
1900	10,016,000				
1900-O	3,416,000				
1900-S	1,858,585				
1901	8,892,000				
1901-O	1,612,000				
1901-S	72,664				
1902	12,196,967				
1902-O	4,748,000				
1902-S	1,524,612				
1903	9,669,309				
1903-O	3,500,000				
1903-S	1,036,000				
1904	9,588,143				
1904-O	2,456,000				
1905	4,967,523				
1905-O	1,230,000				
1905-S	1,884,000				
1906	3,655,760				
1906-D	3,280,000				
1906-O	2,056,000				
1907	7,192,000				
1907-D	2,484,000				
1907-O	4,560,000				
1907-S	1,360,000				
1908	4,232,000				

Quarter dollar Barber (continued)

	Mintage	Grade	Date purchased	Amount paid	Comments
1908-D	5,788,000				
1908-O	6,244,000				
1908-S	784,000				
1909	9,268,000				
1909-D	5,114,000				
1909-O	712,000				
1909-S	1,348,000				
1910	2,244,000				
1910-D	1,500,000				
1911	3,720,000				
1911-D	933,600				
1911-S	988,000				
1912	4,400,000				
1912-S	708,000				
1913	484,000				
1913-D	1,450,800				
1913-S	40,000				
1914	6,244,230				
1914-D	3,046,000				
1914-S	264,000				
1915	3,480,000				
1915-D	3,694,000				
1915-S	704,000				
1916	1,788,000				
1916-D	6,540,800				

Quarter dollar Standing Liberty

	Mintage	Grade	Date purchased	Amount paid	Comments
1916	52,000				
1917 Bare Breast	8,740,000				
1917-D Bare Breast	1,509,200				
1917-S Bare Breast	1,952,000				
1917 Mailed Breast	13,880,000				
1917-D Mailed Breast	6,224,400				
1917-S Mailed Breast	5,552,000				
1918	14,240,000				
1918-D	7,380,000				
1918-S	11,072,000				
1918/7-S	Incl. above				
1919	11,324,000				
1919-D	1,944,000				
1919-S	1,836,000				
1920	27,860,000				
1920-D	3,586,400				
1920-S	6,380,000				

Quarter dollar Standing Liberty (continued)

	Mintage	Grade	Date purchased	Amount paid	Comments
1921	1,916,000				
1923	9,716,000				
1923-S	1,360,000				
1924	10,920,000				
1924-D	3,112,000				
1924-S	2,860,000				
1925	12,280,000				
1926	11,316,000				
1926-D	1,716,000				
1926-S	2,700,000				
1927	11,912,000				
1927-D	976,400				
1927-S	396,000				
1928	6,336,000				
1928-D	1,627,600				
1928-S	2,644,000				
1929	11,140,000				
1929-D	1,358,000				
1929-S	1,764,000				
1930	5,632,000				
1930-S	1,556,000				

Quarter dollar Washington

	Mintage	Grade	Date purchased	Amount paid	Comments
1932	5,404,000				
1932-D	436,800				
1932-S	408,000				
1934 Heavy Motto	31,912,052				
1934 Light Motto	Incl. above				
1934 Doubled Die	Incl. above				
1934-D	3,527,200				
1935	32,484,000				
1935-D	5,780,000				
1935-S	5,660,000				
1936	41,300,000				
1936-D	5,374,000				
1936-S	3,828,000				
1936 Proof	3,837				
1937	19,696,000				
1937-D	7,189,600				
1937-S	1,652,000				
1937 Proof	5,542				
1938	9,472,000				
1938-S	2,832,000				
1938 Proof	8,045				

Quarter dollar Washington (continued)

	Mintage	Grade	Date purchased	Amount paid	Comments
1939	33,540,000				
1939-D	7,092,000				
1939-S	2,628,000				
1939 Proof	8,795				
1940	35,704,000				
1940-D	2,797,600				
1940-S	8,244,000				
1940 Proof	11,246				
1941	79,032,000				
1941-D	16,714,800				
1941-S	16,080,000				
1941 Proof	15,287				
1942	102,096,000				
1942-D	17,487,200				
1942-S	19,384,000				
1942 Proof	21,123				
1943	99,700,000				
1943-D	16,095,600				
1943-S	21,700,000				
1943-S Doubled Die	Incl. above				
1944	104,956,000				
1944-D	14,600,800				
1944-S	12,560,000				
1945	74,372,000				
1945-D	12,341,600				
1945-S	17,004,001				
1946	53,436,000				
1946-D	9,072,800				
1946-S	4,204,000				
1947	22,556,000				
1947-D	15,338,400				
1947-S	5,532,000				
1948	35,196,000				
1948-D	16,766,800				
1948-S	15,960,000				
1949	9,312,000				
1949-D	10,068,400				
1950	24,920,126				
1950 Proof	51,386				
1950-D	21,075,600				
1950-D/S	Incl. above				
1950-S	10,284,004				
1950-S/D	Incl. above				
1951	43,448,102				
1951 Proof	57,500				
1951-D	35,354,800				
1951-S	9,048,000				
1952	38,780,093				
1952 Proof	81,980				
1952-D	49,795,200				
1952-S	13,707,800				
1953	18,536,120				
1953 Proof	128,800				
1953-D	56,112,400				
1953-S	14,016,000				
1954	54,412,203				
1954 Proof	233,350				
1954-D	42,305,500				
1954-S	11,834,722				

Quarter dollar Washington (continued)

	Mintage	Grade	Date purchased	Amount paid	Comments
1955	18,180,181				
1955 Proof	378,200				
1955-D	3,182,400				
1956	44,144,000				
1956 Proof	669,384				
1956-D	32,334,500				
1957	46,532,000				
1957 Proof	1,247,952				
1957-D	77,924,160				
1958	6,360,000				
1958 Proof	875,652				
1958-D	78,124,900				
1959	24,384,000				
1959 Proof	1,149,291				
1959-D	62,054,232				
1960	29,164,000				
1960 Proof	1,691,602				
1960-D	63,000,324				
1961	37,036,000				
1961 Proof	3,028,244				
1961-D	83,656,928				
1962	36,156,000				
1962 Proof	3,218,019				
1962-D	127,554,756				
1963	74,316,000				
1963 Proof	3,075,645				
1963-D	135,288,184				
1964	560,390,585				
1964 Proof	3,950,762				
1964-D	704,135,528				
1965	1,819,717,540				
1966	821,101,500				
1967	1,524,031,848				
1968	220,731,500				
1968-D	101,534,000				
1968-S Proof	3,041,506				
1969	176,212,000				
1969-D	114,372,000				
1969-S Proof	2,934,631				
1970	136,420,000				
1970-D	417,341,364				
1970-S Proof	2,632,810				
1971	109,284,000				
1971-D	258,634,428				
1971-S Proof	3,220,733				
1972	215,048,000				
1972-D	311,067,732				
1972-S Proof	3,260,996				
1973	346,924,000				
1973-D	232,977,400				
1973-S Proof	2,760,339				
1974	801,456,000				
1974-D	353,160,300				
1974-S Proof	2,612,568				
1776-1976	809,784,016				
1776-1976-D	860,118,839				
1776-1976-S	6,968,506				
1776-1976-S 40% silver Proof	3,998,621				

Quarter dollar Washington (continued)

	Mintage	Grade	Date purchased	Amount paid	Comments
Uncirculated	4,908,319				
1977	468,556,000				
1977-D	256,524,978				
1977-S Proof	3,236,798				
1978	521,452,000				
1978-D	287,373,152				
1978-S Proof	3,120,285				
1979	515,708,000				
1979-D	489,789,780				
1979-S Proof	3,677,175				
1980-P	635,832,000				
1980-D	518,327,487				
1980-S Proof	3,554,806				
1981-P	601,716,000				
1981-D	575,722,833				
1981-S Proof	4,063,083				
1982-P	500,931,000				
1982-D	480,042,788				
1982-S Proof	3,857,479				
1983-P	673,535,000				
1983-D	617,806,446				
1983-S Proof	3,138,765				
1984-P	676,545,000				
1984-D	546,483,064				
1984-S Proof	2,748,430				
1985-P	775,818,962				
1985-D	519,962,888				
1985-S Proof	3,362,821				
1986-P	551,199,333				
1986-D	504,298,660				
1986-S Proof	2,411,180				
1987-P	582,499,481				
1987-D	655,594,696				
1987-S Proof	3,715,041				
1988-P					
1988-D					
1988-S Proof					
1989-P					
1989-D					
1989-S Proof					
1990-P					
1990-D					
1990-S Proof					

Half dollar Flowing Hair

	Mintage	Grade	Date purchased	Amount paid	Comments
1794 Flowing Hair	23,464				
1795	299,680				
1795 3 Leaves	Incl. above				

Half dollar Draped Bust, Small Eagle

	Mintage	Grade	Date purchased	Amount paid	Comments
1796 15 Stars	934				
1796 16 Stars	Incl. above				
1797 15 Stars	2,984				

Half dollar Draped Bust, Heraldic Eagle

	Mintage	Grade	Date purchased	Amount paid	Comments
1801	30,289				
1802	29,890				
1803 Small 3	188,234				
1803 Large 3	Incl. above				
1805/4	211,722				
1805	Incl. above				
1806/5	839,576				
1806 6/Inverted 6	Incl. above				
1806	Incl. above				
1807	301,076				

Half dollar Capped Bust

	Mintage	Grade	Date purchased	Amount paid	Comments
1807 Small Stars	750,500				
1807 Large Stars	Incl. above				
1807 50/20	Incl. above				
1808/7	1,368,600				
1808	Incl. above				
1809	1,405,810				
1810	1,276,276				
1811 Small 8	1,203,644				
1811 Large 8	Incl. above				
1811/10	Incl. above				
1812/1	1,628,059				

Half dollar Capped Bust (continued)

	Mintage	Grade	Date purchased	Amount paid	Comments
1812	Incl. above				
1813	1,241,903				
1813 5OC/UNI	Incl. above				
1814	1,039,075				
1814/3	Incl. above				
1815/2	47,150				
1817/3	1,215,567				
1817/4	Incl. above				
1817	Incl. above				
1818/7	1,960,322				
1818	Incl. above				
1819/8	2,208,000				
1819	Incl. above				
1820/19	751,122				
1820	Incl. above				
1821	1,305,797				
1822	1,559,573				
1822/1	Incl. above				
1823	1,694,200				
1823 Broken 3	Incl. above				
1824/1	3,504,954				
1824/4	Incl. above				
1824	Incl. above				
1825	2,943,166				
1826	4,004,180				
1827/6	5,493,400				
1827 Square 2	Incl. above				
1827 Curl 2	Incl. above				
1828	3,075,200				
1828 Large 8s	Incl. above				
1828 Small 8s	Incl. above				
1829/7	3,712,156				
1829	Incl. above				
1830 Large O	4,764,800				
1830 Small O	Incl. above				
1831	5,873,660				
1832 Normal	4,797,000				
1832 Large Letters	Incl. above				
1833	5,206,000				
1834	6,412,004				
1835	5,352,006				
1836	6,545,000				
1836 5O/OO	Incl. above				
1836 50 CENTS, Reeded Edge	1,200				
1837 50 CENTS	3,629,820				
1838	3,546,000				
1838	1,362,160				
1839-O	178,967				

Half dollar Seated Liberty

	Mintage	Grade	Date purchased	Amount paid	Comments
1839 No Drapery	1,972,400				
1839 Drapery	Incl. above				
1840 Sm. Letters	1,435,008				
1840 Med. Letters	Incl. above				
1840-O	855,100				
1841	310,000				
1841-O	401,000				
1842 Small Date	2,012,764				
1842 Medium Date	Incl. above				
1842-O Small Date	957,000				
1842 Medium Date	Incl. above				
1842-O Large Date	Incl. above				
1843	3,844,000				
1843-O	2,268,000				
1844	1,766,000				
1844-O	2,005,000				
1844-O Doubled Date	Incl. above				
1845	589,000				
1845-O	2,094,000				
1845-O No Drapery	Incl. above				
1846 Small Date	2,210,000				
1846 Tall Date	Incl. above				
1846/Horizontal 6	Incl. above				
1846-O Medium Date	2,304,000				
1846-O Tall Date	Incl. above				
1847	1,156,000				
1847-O	2,584,000				
1847/6	Incl. above				
1848	580,000				
1848-O	3,180,000				
1849	1,252,000				
1849-O	2,310,000				
1850	227,000				
1850-O	2,456,000				
1851	200,750				
1851-O	402,000				
1852	77,130				
1852-O	144,000				
1853 Arrows & Rays	3,532,708				
1853-O Arrows & Rays	1,328,000				
1854 Arrows	2,982,000				
1854-O Arrows	5,240,000				
1855/1854	759,500				
1855 Arrows	Incl. above				

Half dollar Seated Liberty (continued)

	Mintage	Grade	Date purchased	Amount paid	Comments
1855-O Arrows	3,688,000				
1855-S Arrows	129,950				
1856 No Arrows	938,000				
1856-O	2,658,000				
1856-S	211,000				
1857	1,988,000				
1857-O	818,000				
1857-S	158,000				
1858	4,226,000				
1858-O	7,294,000				
1858-S	476,000				
1859	748,000				
1859-O	2,834,000				
1859-S	566,000				
1860	302,700				
1860-O	1,290,000				
1860-S	472,000				
1861	2,887,400				
1861-O	2,532,633				
1861-S	939,500				
1862	253,000				
1862-S	1,352,000				
1863	503,200				
1863-S	916,000				
1864	379,100				
1864-S	658,000				
1865	511,400				
1865-S	675,000				
1866 Motto	744,900				
1866-S	1,054,000				
1866-S Motto	Incl. above				
1867	449,300				
1867-S	1,196,000				
1868	417,600				
1868-S	1,160,000				
1869	795,300				
1869-S	656,000				
1870	633,900				
1870-CC	54,617				
1870-S	1,004,000				
1871	1,203,600				
1871-CC	153,950				
1871-S	2,178,000				
1872	880,600				
1872-CC	257,000				
1872-S	580,000				
1873 Closed 3	801,200				
1873 Open 3 No Arrows	Incl. above				
1873 Arrows	1,815,150				
1873-CC	122,500				
1873-CC Arrows	214,560				
1873-S Arrows	228,000				
1874 Arrows	2,359,600				
1874-CC Arrows	59,000				
1874-S Arrows	394,000				
1875	6,026,800				
1875-CC	1,008,000				
1875-S	3,200,000				
1876	8,418,000				

Half dollar Seated Liberty (continued)

	Mintage	Grade	Date purchased	Amount paid	Comments
1876-CC	1,956,000				
1876-S	4,528,000				
1877	8,304,000				
1877-CC	1,420,000				
1877-S	5,356,000				
1878	1,377,600				
1878-CC	62,000				
1878-S	12,000				
1879	4,800				
1880	8,400				
1881	10,000				
1882	4,400				
1883	8,000				
1884	4,400				
1885	5,200				
1886	5,000				
1887	5,000				
1888	12,001				
1889	12,000				
1890	12,000				
1891	200,000				

Half dollar Barber

	Mintage	Grade	Date purchased	Amount paid	Comments
1892	934,245				
1892-O	390,000				
1892-S	1,029,028				
1893	1,826,000				
1893-O	1,389,000				
1893-S	740,000				
1894	1,148,000				
1894-O	2,138,000				
1894-S	4,048,690				
1895	1,834,338				
1895-O	1,766,000				
1895-S	1,108,086				
1896	950,000				
1896-O	924,000				
1896-S	1,140,948				
1897	2,480,000				
1897-O	632,000				
1897-S	933,900				

Half dollar Barber (continued)

	Mintage	Grade	Date purchased	Amount paid	Comments
1898	2,956,000				
1898-O	874,000				
1898-S	2,358,550				
1899	5,538,000				
1899-O	1,724,000				
1899-S	1,686,411				
1900	4,762,000				
1900-O	2,744,000				
1900-S	2,560,322				
1901	4,268,000				
1901-O	1,124,000				
1901-S	847,044				
1902	4,922,000				
1902-O	2,526,000				
1902-S	1,460,670				
1903	2,278,000				
1903-O	2,100,000				
1903-S	1,920,772				
1904	2,992,000				
1904-O	1,117,600				
1904-S	553,038				
1905	662,000				
1905-O	505,000				
1905-S	2,494,000				
1906	2,638,000				
1906-D	4,028,000				
1906-O	2,446,000				
1906-S	1,740,154				
1907	2,598,000				
1907-D	3,856,000				
1907-O	3,946,600				
1907-S	1,250,000				
1908	1,354,000				
1908-D	3,280,000				
1908-O	5,360,000				
1908-S	1,644,828				
1909	2,368,000				
1909-O	925,400				
1909-S	1,764,000				
1910	418,000				
1910-S	1,948,000				
1911	1,406,000				
1911-D	695,080				
1911-S	1,272,000				
1912	1,550,000				
1912-D	2,300,800				
1912-S	1,370,000				
1913	188,000				
1913-D	534,000				
1913-S	604,000				
1914	124,230				
1914-S	992,000				
1915	138,000				
1915-D	1,170,400				
1915-S	1,604,000				

Half dollar Walking Liberty

	Mintage	Grade	Date purchased	Amount paid	Comments
1916	608,000				
1916-D	1,014,400				
1916-S	508,000				
1917	12,292,000				
1917-D Obv. Mint Mark	765,400				
1917-D Rev. Mint Mark	1,940,000				
1917-S Obv. Mint Mark	952,000				
1917-S Rev. Mint Mark	5,554,000				
1918	6,734,058				
1918-D	3,853,040				
1918-S	10,282,000				
1919	962,000				
1919-D	1,165,000				
1919-S	1,552,000				
1920	6,372,000				
1920-D	1,551,000				
1920-S	4,624,000				
1921	246,000				
1921-D	208,000				
1921-S	548,000				
1923-S	2,178,000				
1927-S	2,392,000				
1928-S	1,940,000				
1929-D	1,001,200				
1929-S	1,902,000				
1933-S	1,786,000				
1934	6,964,000				
1934-D	2,361,400				
1934-S	3,652,000				
1935	9,162,000				
1935-D	3,003,800				
1935-S	3,854,000				
1936	12,614,000				
1936-D	4,252,400				
1936-S	3,884,000				
1936 Proof	3,901				
1937	9,522,000				
1937-D	1,676,000				
1937-S	2,090,000				
1937 Proof	5,728				
1938	4,110,000				
1938-D	491,600				
1938 Proof	8,152				
1939	6,812,000				

Half dollar Walking Liberty (continued)

	Mintage	Grade	Date purchased	Amount paid	Comments
1939-D	4,267,800				
1939-S	2,552,000				
1939 Proof	8,808				
1940	9,156,000				
1940-S	4,550,000				
1940 Proof	11,279				
1941	24,192,000				
1941-D	11,248,400				
1941-S	8,098,000				
1941 Proof	15,412				
1942	47,818,000				
1942-D	10,973,800				
1942-D/S	Incl. above				
1942-S	12,708,000				
1942 Proof	21,120				
1943	53,190,000				
1943-D	11,346,000				
1943-S	13,450,000				
1944	28,206,000				
1944-D	9,769,000				
1944-S	8,904,000				
1945	31,502,000				
1945-D	9,996,800				
1945-S	10,156,000				
1946	12,118,000				
1946-D	2,151,000				
1946-S	3,724,000				
1947	4,094,000				
1947-D	3,900,600				

Half dollar Franklin

	Mintage	Grade	Date purchased	Amount paid	Comments
1948	3,006,814				
1948-D	4,028,600				
1949	5,614,000				
1949-D	4,120,600				
1949-S	3,744,000				
1950	7,742,123				
1950 Proof	51,386				
1950-D	8,031,600				
1951	16,802,102				
1951 Proof	57,500				
1951-D	9,475,200				

Half dollar Franklin (continued)

	Mintage	Grade	Date purchased	Amount paid	Comments
1951-S	13,696,000				
1952	21,192,093				
1952 Proof	81,980				
1952-D	25,395,600				
1952-S	5,526,000				
1953	2,668,120				
1953 Proof	128,800				
1953-D	20,900,400				
1953-S	4,148,000				
1954	13,188,203				
1954 Proof	233,350				
1954-D	25,445,580				
1954-S	4,993,400				
1955	2,498,181				
1955 Proof	378,200				
1956	4,032,000				
1956 Proof	669,384				
1957	5,114,000				
1957 Proof	1,247,952				
1957-D	19,966,850				
1958	4,042,000				
1958 Proof	875,652				
1958-D	23,962,412				
1959	6,200,000				
1959 Proof	1,149,291				
1959-D	13,053,750				
1960	6,024,000				
1960 Proof	1,691,602				
1960-D	18,215,812				
1961	8,290,000				
1961 Proof	3,028,244				
1961-D	20,276,442				
1962	9,714,000				
1962 Proof	3,218,019				
1962-D	35,473,281				
1963	22,164,000				
1963 Proof	3,075,645				
1963-D	67,069,292				

Half dollar Kennedy

	Mintage	Grade	Date purchased	Amount paid	Comments
1964	273,304,004				

Half dollar Kennedy (continued)

	Mintage	Grade	Date purchased	Amount paid	Comments
1964 Proof	3,950,762				
1964-D	156,205,446				
1965	65,879,366				
1966	108,984,932				
1967	295,046,978				
1968-D	246,951,930				
1968-S Proof	3,041,506				
1969-D	129,881,800				
1969-S Proof	2,934,631				
1970-D	2,150,000(105)				
1970-S Proof	2,632,810				
1971	155,164,000				
1971-D	302,097,424				
1971-S Proof	3,220,733				
1972	153,180,000				
1972-D	141,890,000				
1972-S Proof	3,260,996				
1973	64,964,000				
1973-D	83,171,400				
1973-S Proof	2,760,339				
1974	201,596,000				
1974-D	79,066,300				
1974-S Proof	2,612,568				
1776-1976	234,308,000				
1776-1976-D	287,565,248				
1776-1976-S	6,968,506				
1776-1976-S 40% silver					
Proof	3,998,621				
Uncirculated	4,908,319				
1977	43,598,000				
1977-D	31,449,106				
1977-S Proof	3,236,798				
1978	14,350,000				
1978-D	13,765,799				
1978-S Proof	3,120,285				
1979	68,312,000				
1979-D	15,815,422				
1979-S Proof	3,677,175				
1980-P	44,134,000				
1980-D	33,456,449				
1980-S Proof	3,554,806				
1981-P	29,544,000				
1981-D	27,839,533				
1981-S Proof	4,063,083				
1982-P	10,819,000				
1982-D	13,140,102				
1982-S Proof	3,857,479				
1983-P	34,139,000				
1983-D	32,472,244				
1983-S Proof	3,138,765				
1984-P	26,029,000				
1984-D	26,262,158				
1984-S Proof	2,748,430				
1985-P	18,706,962				
1985-D	19,814,034				
1985-S Proof	3,362,821				
1986-P	13,107,633				
1986-D	15,366,145				
1986-S Proof	2,411,180				

Half dollar Kennedy (continued)

	Mintage	Grade	Date purchased	Amount paid	Comments
1987-P	2,834,717				
1987-D	2,834,717				
1987-S Proof	3,715,041				
1988-P					
1988-D					
1988-S Proof					
1989-P					
1989-D					
1989-S Proof					
1990-P					
1990-D					
1990-S Proof					

$1 silver Flowing Hair

	Mintage	Grade	Date purchased	Amount paid	Comments
1794	1,758				
1795 Type of '94	160,295				

$1 silver Draped Bust, Small Eagle

	Mintage	Grade	Date purchased	Amount paid	Comments
1795	42,738				
1796	72,920				
1797 9x7 Sm Letters	7,776				
1797 9x7 Lg Letters	Incl. above				
1797 10x6	Incl. above				
1798 13 St, Small Eagle	327,536				
1798 15 St, Small Eagle	Incl. above				

$1 silver Draped Bust, Heraldic Eagle

	Mintage	Grade	Date purchased	Amount paid	Comments
1798	Incl. above				
1799	423,515				
1799/98	Incl. above				
1799 8x5 Stars	Incl. above				
1800	220,920				
1801	54,454				
1802/1	41,650				

$1 silver Draped Bust, Heraldic Eagle (continued)

	Mintage	Grade	Date purchased	Amount paid	Comments
1802	Incl. above				
1803 Large 3	85,634				
1803 Small 3	Incl. above				

$1 silver Gobrecht

	Mintage	Grade	Date purchased	Amount paid	Comments
1836 circulation	1,000				
1836 circ., new weight	600				
1838	(R)				
1839 circulation	300				

$1 silver Seated Liberty

	Mintage	Grade	Date purchased	Amount paid	Comments
1840 No Motto	61,005				
1841	173,000				
1842	184,618				
1843	165,100				

$1 silver Seated Liberty (continued)

	Mintage	Grade	Date purchased	Amount paid	Comments
1844	20,000				
1845	24,500				
1846	110,600				
1846-O	59,000				
1847	140,750				
1848	15,000				
1849	62,600				
1850	7,500				
1850-O	40,000				
1851	1,300				
1852	1,100				
1853	46,110				
1854	33,140				
1855	26,000				
1856	63,500				
1857	94,000				
1858 Proof	80				
1859	256,500				
1859-O	360,000				
1859-S	20,000				
1860	217,600				
1860-O	515,000				
1861	77,500				
1862	11,540				
1863	27,200				
1864	30,700				
1865	46,500				
1866 Motto	48,900				
1867	47,900				
1868	162,100				
1869	423,700				
1870	415,000				
1870-CC	12,462				
1871	1,073,800				
1871-CC	1,376				
1872	1,105,500				
1872-CC	3,150				
1872-S	9,000				
1873	293,000				
1873-CC	2,300				
1873-S	700				

$1 silver Morgan

	Mintage	Grade	Date purchased	Amount paid	Comments
1878 8 Tail Feathers	10,508,550				
1878 7TF, rev. '78	Incl. above				
1878 7TF, rev. '79	Incl. above				
1878 7/8TF	Incl. above				
1878-CC	2,212,000				
1878-S	9,774,000				
1879	14,806,000				
1879-CC	756,000				
1879-O	2,887,000				
1879-S rev. '78	9,110,000				
1879-S rev. '79	Incl. above				
1880	12,600,000				
1880-CC rev. '78	591,000				
1880-CC	Incl. above				
1880-O	5,305,000				
1880-S	8,900,000				
1881	9,163,000				
1881-CC	296,000				
1881-O	5,708,000				
1881-S	12,760,000				
1882	11,100,000				
1882-CC	1,133,000				
1882-O	6,090,000				
1882-O/S	Incl. above				
1882-S	9,250,000				
1883	12,290,000				
1883-CC	1,204,000				
1883-O	8,725,000				
1883-S	6,250,000				
1884	14,070,000				
1884-CC	1,136,000				
1884-O	9,730,000				
1884-S	3,200,000				
1885	17,786,837				
1885-CC	228,000				
1885-O	9,185,000				
1885-S	1,497,000				
1886	19,963,000				
1886-O	10,710,000				
1886-S	750,000				
1887/6	20,290,000				

$1 silver Morgan (continued)

	Mintage	Grade	Date purchased	Amount paid	Comments
1887	Incl. above				
1887/6-O	11,550,000				
1887-O	Incl. above				
1887-S	1,771,000				
1888	19,183,000				
1888-O	12,150,000				
1888-S	657,000				
1889	21,726,000				
1889-CC	350,000				
1889-O	11,875,000				
1889-S	700,000				
1890	16,802,000				
1890-CC	2,309,041				
1890-O	10,701,000				
1890-S	8,230,373				
1891	8,693,556				
1891-CC	1,618,000				
1891-O	7,954,529				
1891-S	5,296,000				
1892	1,036,000				
1892-CC	1,352,000				
1892-O	2,744,000				
1892-S	1,200,000				
1893	378,000				
1893-CC	677,000				
1893-O	300,000				
1893-S	100,000				
1894	110,000				
1894-O	1,723,000				
1894-S	1,260,000				
1895	12,000				
1895-O	450,000				
1895-S	400,000				
1896	9,976,000				
1896-O	4,900,000				
1896-S	5,000,000				
1897	2,822,000				
1897-O	4,004,000				
1897-S	5,825,000				
1898	5,884,000				
1898-O	4,440,000				
1898-S	4,102,000				
1899	330,000				
1899-O	12,290,000				
1899-S	2,562,000				
1900	8,830,000				
1900-O	12,590,000				
1900-O/CC	Incl. above				
1900-S	3,540,000				
1901	6,962,000				
1901-O	13,320,000				
1901-S	2,284,000				
1902	7,994,000				
1902-O	8,636,000				
1902-S	1,530,000				
1903	4,652,000				
1903-O	4,450,000				
1903-S	1,241,000				
1904	2,788,000				

$1 silver Morgan (continued)

	Mintage	Grade	Date purchased	Amount paid	Comments
1904-O	3,720,000				
1904-S	2,304,000				
1921	44,690,000				
1921-D	20,345,000				
1921-S	21,695,000				

$1 silver Peace

	Mintage	Grade	Date purchased	Amount paid	Comments
1921	1,006,473				
1922	51,737,000				
1922-D	15,063,000				
1922-S	17,475,000				
1923	30,800,000				
1923-D	6,811,000				
1923-S	19,020,000				
1924	11,811,000				
1924-S	1,728,000				
1925	10,198,000				
1925-S	1,610,000				
1926	1,939,000				
1926-D	2,348,700				
1926-S	6,980,000				
1927	848,000				
1927-D	1,268,900				
1927-S	866,000				
1928	360,649				
1928-S	1,632,000				
1934	954,057				
1934-D	1,569,500				
1934-S	1,011,000				
1935	1,576,000				
1935-S	1,964,000				

$1 clad Eisenhower

	Mintage	Grade	Date purchased	Amount paid	Comments
1971	47,799,000				
1971-D	68,587,424				
1971-S Proof	3,220,733				
1972	75,890,000				
1972-D	92,548,511				
1972-S Proof	3,260,996				
1973	2,000,056				
1973-D	2,000,000				
1973-S Proof	2,760,339				
1974	27,366,000				
1974-D	45,517,000				
1974-S Proof	2,612,568				
1776-1976 Bold Rev Let	117,337,000				
1776-1976 Thin Rev Let	Incl. above				
1776-1976-D Bold Rev Let	103,228,274				
1776-1976-D Thin Rev Let	Incl. above				
1776-1976-S	6,968,506				
1776-1976-S 40% silver Proof	3,998,621				
Uncirculated	4,908,319				
1977	12,596,000				
1977-D	32,983,006				
1977-S Proof	3,236,798				
1978	25,702,000				
1978-D	33,012,890				
1978-S Proof	3,120,285				

$1 clad Anthony

	Mintage	Grade	Date purchased	Amount paid	Comments
1979-P	360,222,000				
1979-D	288,015,744				
1979-S Filled S	109,576,000				
1979-S Clear S	Incl. above				
1979-S Proof	3,677,175				
1980-P	27,610,000				
1980-D	41,628,708				
1980-S	20,422,000				
1980-S Proof	3,554,806				
1981	3,000,000				
1981-D	3,250,000				
1981-S Filled S	3,492,000				
1981-S Clear S	Incl. above				
1981-S Proof	4,063,083				

Trade dollar

	Mintage	Grade	Date purchased	Amount paid	Comments
1873	396,635				
1873-CC	124,500				
1873-S	703,000				
1874	987,100				
1874-CC	1,373,200				
1874-S	2,549,000				
1875	218,200				
1875-CC	1,573,700				
1875-S	4,487,000				

Trade dollar (continued)

	Mintage	Grade	Date purchased	Amount paid	Comments
1875-S/CC	Incl. above				
1876	455,000				
1876-CC	509,000				
1876-S	5,227,000				
1877	3,039,200				
1877-CC	534,000				
1877-S	9,519,000				
1878 Proof	900				
1878-CC	97,000				
1878-S	4,162,000				
1879 Proof	1,541				
1880 Proof	1,987				
1881 Proof	960				
1882 Proof	1,097				
1883 Proof	979				
1884 Proof	10				
1885 Proof	5				

$1 gold Coronet

	Mintage	Grade	Date purchased	Amount paid	Comments
1849 Open Wreath, Initial L	688,567				
1849 Closed Wreath	Incl. above				
1849-C Closed Wreath	11,634				
1849-C Open Wreath	Incl. above				
1849-D	21,588				
1849-O	215,000				
1850	481,953				
1850-C	6,966				
1850-D	8,382				
1850-O	14,000				
1851	3,317,671				
1851-C	41,267				
1851-D	9,882				
1851-O	290,000				
1852	2,045,351				
1852-C	9,434				
1852-D	6,360				
1852-O	140,000				
1853	4,076,051				
1853-C	11,515				
1853-D	6,583				
1853-O	290,000				
1854	736,709				

$1 gold Indian Head, Small Head or Large Head

	Mintage	Grade	Date purchased	Amount paid	Comments
1854 Small Indian Head	902,736				
1854-D	2,935				
1854-S	14,632				
1855	758,269				
1855-C	9,803				
1855-D	1,811				
1855-O	55,000				
1856-S	24,600				
1856 Upright 5, Large Indian Head	1,762,936				
1856 Slant 5	Incl. above				
1856-D	1,460				
1857	774,789				
1857-C	13,280				
1857-D	3,533				
1857-S	10,000				
1858	117,995				
1858-D	3,477				
1858-S	10,000				
1859	168,244				
1859-C	5,235				
1859-D	4,952				
1859-S	15,000				
1860	36,514				
1860-D	1,566				
1860-S	13,000				
1861	527,150				
1861-D	CSA issue				
1862	1,361,355				
1863	6,200				
1864	5,900				
1865	3,700				
1866	7,100				
1867	5,200				
1868	10,500				
1869	5,900				
1870	6,300				
1870-S	3,000				
1871	3,900				
1872	3,500				
1873 Closed 3	125,100				
1873 Open 3	Incl. above				
1874	198,800				
1875	400				
1876	3,200				
1877	3,900				
1878	3,000				
1879	3,000				
1880	1,600				
1881	7,620				
1882	5,000				
1883	10,800				

$1 gold Indian Head, Large Head (continued)

	Mintage	Grade	Date purchased	Amount paid	Comments
1884	5,230				
1885	11,156				
1886	5,000				
1887	7,500				
1888	16,501				
1889	28,950				

$2.50 quarter eagle Capped Bust, Right

	Mintage	Grade	Date purchased	Amount paid	Comments
1796 No Stars	1,395				
1796 Stars	Incl. above				
1797	427				
1798	1,094				
1802/1	3,035				
1804 13 Stars	3,327				
1804 14 Stars	Incl. above				
1805	1,781				
1806/4	1,616				
1806/5	Incl. above				
1807	6,812				

$2.50 quarter eagle Capped Bust, Left

	Mintage	Grade	Date purchased	Amount paid	Comments
1808	2,710				

$2.50 quarter eagle Capped Head

	Mintage	Grade	Date purchased	Amount paid	Comments
1821	6,448				
1824/1	2,600				
1825	4,434				
1826	760				
1827	2,800				
1829 Small Planchet	3,403				
1830	4,540				
1831	4,520				
1832	4,400				
1833	4,160				
1834	4,000				

$2.50 quarter eagle Classic Head

	Mintage	Grade	Date purchased	Amount paid	Comments
1834 No Motto	113,370				
1835	131,402				
1836	547,986				
1837	45,080				
1838	47,030				
1838-C	7,908				
1839/8	27,021				
1839-C 9 Over 8	18,173				
1839-D 9 Over 8	13,674				
1839-O	17,781				

$2.50 quarter eagle Coronet

	Mintage	Grade	Date purchased	Amount paid	Comments
1840	18,859				
1840-C	12,838				
1840-D	3,532				
1840-O	33,580				
1841 Proof	No record				
1841-C	10,297				
1841-D	4,164				
1842	2,823				
1842-C	6,737				
1842-D	4,643				
1842-O	19,800				
1843	100,546				
1843-C Large Date	26,096				
1843-C Small Date	Incl. above				
1843-D	36,209				
1843-O Small Date	368,002				
1844	6,784				
1844-C	11,622				
1844-D	17,332				
1845	91,051				
1845-D	19,460				
1845-O	4,000				
1846	21,598				
1846-C	4,808				
1846-D	19,303				
1846-O	62,000				
1847	29,814				
1847-C	23,226				
1847-D	15,784				
1847-O	124,000				
1848	8,886				
1848-C	16,788				
1848-D	13,771				
1849	23,294				
1849-C	10,220				
1849-D	10,945				
1850	252,923				
1850-C	9,148				
1850-D	12,148				
1850-O	84,000				
1851	1,372,748				
1851-C	14,923				
1851-D	11,264				
1851-O	148,000				
1852	1,159,681				
1852-C	9,772				
1852-D	4,078				
1852-O	140,000				
1853	1,404,668				
1853-D	3,178				
1854	596,258				

$2.50 quarter eagle Coronet (continued)

	Mintage	Grade	Date purchased	Amount paid	Comments
1854-C	7,295				
1854-D	1,760				
1854-O	153,000				
1854-S	246				
1855	235,480				
1855-C	3,677				
1855-D	1,123				
1856	384,240				
1856-C	7,913				
1856-D	874				
1856-O	21,100				
1856-S	71,120				
1857	214,130				
1857-D	2,364				
1857-O	34,000				
1857-S	69,200				
1858	47,377				
1858-C	9,056				
1859	39,444				
1859-D	2,244				
1859-S	15,200				
1860 Small Letters & Arrowhead	22,563				
1860-C	7,469				
1860-S	35,600				
1861	1,272,428				
1861-S	24,000				
1862	98,508				
1862/1	Incl. above				
1862-S	8,000				
1863 Proof	30				
1863-S	10,800				
1864	2,824				
1865	1,520				
1865-S	23,376				
1866	3,080				
1866-S	38,960				
1867	3,200				
1867-S	28,000				
1868	3,600				
1868-S	34,000				
1869	4,320				
1869-S	29,500				
1870	4,520				
1870-S	16,000				
1871	5,320				
1871-S	22,000				
1872	3,000				
1872-S	18,000				
1873 Open 3	178,000				
1873 Closed 3	Incl. above				
1873-S	27,000				
1874	3,920				
1875	400				
1875-S	11,600				
1876	4,176				
1876-S	5,000				
1877	1,632				
1877-S	35,400				

$2.50 quarter eagle Coronet (continued)

	Mintage	Grade	Date purchased	Amount paid	Comments
1878	286,240				
1878-S	178,000				
1879	88,960				
1879-S	43,500				
1880	2,960				
1881	640				
1882	4,000				
1883	1,920				
1884	1,950				
1885	800				
1886	4,000				
1887	6,160				
1888	16,006				
1889	17,600				
1890	8,720				
1891	10,960				
1892	2,440				
1893	30,000				
1894	4,000				
1895	6,000				
1896	19,070				
1897	29,768				
1898	24,000				
1899	27,200				
1900	67,000				
1901	91,100				
1902	133,540				
1903	201,060				
1904	160,790				
1905	217,800				
1906	176,330				
1907	336,294				

$2.50 quarter eagle Indian Head

	Mintage	Grade	Date purchased	Amount paid	Comments
1908	564,821				
1909	441,760				
1910	492,000				
1911	704,000				
1911-D	55,680				
1912	616,000				
1913	722,000				
1914	240,000				
1914-D	448,000				
1915	606,000				
1925-D	578,000				
1926	446,000				

$2.50 quarter eagle Indian Head (continued)

	Mintage	Grade	Date purchased	Amount paid	Comments
1927	388,000				
1928	416,000				
1929	532,000				

$3 gold

	Mintage	Grade	Date purchased	Amount paid	Comments
1854	138,618				
1854-D	1,120				
1854-O	24,000				
1855	50,555				
1855-S	6,600				
1856	26,010				
1856-S	34,500				
1857	20,891				
1857-S	14,000				
1858	2,133				
1859	15,638				
1860	7,036				
1860-S	4,408				
1861	5,959				
1862	5,750				
1863	5,000				
1864	2,630				
1865	1,140				
1866	4,000				
1867	2,600				
1868	4,850				
1869	2,500				
1870	3,500				
1871	1,300				
1872	2,000				
1873 Proof	25(R)				
1874	41,800				
1875 Proof	20(R)				
1876 Proof	45				
1877	1,468				
1878	82,304				
1879	3,000				
1880	1,000				
1881	500				
1882	1,500				
1883	900				
1884	1,000				
1885	800				
1886	1,000				
1887	6,000				

$3 gold (continued)

	Mintage	Grade	Date purchased	Amount paid	Comments
1888	5,000				
1889	2,300				

$4 gold Stella pattern-only

	Mintage	Grade	Date purchased	Amount paid	Comments
1879 Flowing Hair Proof	pattern				
1879 Coiled Hair Proof	pattern				
1880 Flowing Hair Proof	pattern				
1880 Coiled Hair Proof	pattern				

$5 half eagle Capped Bust, Small Eagle or Heraldic Eagle

	Mintage	Grade	Date purchased	Amount paid	Comments
1795 Small Eagle	8,707				
1796/5	6,196				
1797 15 Stars	3,609				
1797 16 Stars	Incl. above				
1798	24,867				
1795 Heraldic Eagle	Incl. above				
1797/5	Incl. above				
1797 16 Stars	Incl. above				
1798 Small 8	Incl. above				
1798 Large 8, 13 Stars	Incl. above				
1798 Large 8, 14 Stars	Incl. above				
1799	7,451				
1800	37,628				
1802/1	53,176				
1803/2	33,506				
1804 Small 8	30,475				

$5 half eagle Capped Bust, Heraldic Eagle (continued)

	Mintage	Grade	Date purchased	Amount paid	Comments
1804 Sm 8 over Lg 8	Incl. above				
1805	33,183				
1806 Pointed 6	64,093				
1806 Round 6	Incl. above				
1807 Right	32,488				

$5 half eagle Capped Draped Bust

	Mintage	Grade	Date purchased	Amount paid	Comments
1807	51,605				
1808/7	55,578				
1808	Incl. above				
1809/8	33,875				
1810 Small Date, Sm 5	100,287				
1810 Small Date, Tall 5	Incl. above				
1810 Large Date, Sm 5	Incl. above				
1810 Lg Date, Lg 5	Incl. above				
1811 Small 5	99,581				
1811 Tall 5	Incl. above				
1812	58,087				

$5 half eagle Capped Head

	Mintage	Grade	Date purchased	Amount paid	Comments
1813	95,428				
1814/3	15,454				
1815	635				
1818	48,588				
1819	51,723				
1820 Curved Base 2, Small Letters	263,806				
1820 Curved Base 2, Large Letters	Incl. above				

$5 half eagle Capped Head (continued)

	Mintage	Grade	Date purchased	Amount paid	Comments
1820 Square Base 2	Incl. above				
1821	34,641				
1822	17,796				
1823	14,485				
1824	17,340				
1825/1	29,060				
1825/4	Incl. above				
1826	18,069				
1827	24,913				
1828/7	28,029				
1828	Incl. above				
1829 Large Planchet	57,442				
1829 Small Planchet	Incl. above				
1830 Small 5D	126,351				
1830 Large 5D	Incl. above				
1831	140,594				
1832 Curved Base 2, 12 Stars	157,487				
1832 Square Base 2, 13 Stars	Incl. above				
1833	193,630				
1834 Plain 4	50,141				
1834 Crosslet 4	Incl. above				

$5 half eagle Classic Head

	Mintage	Grade	Date purchased	Amount paid	Comments
1834 Plain 4	657,460				
1834 Crosslet 4	Incl. above				
1835	371,534				
1836	553,147				
1837	207,121				
1838	286,588				
1838-C	19,145				
1838-D	20,583				

$5 half eagle Coronet

	Mintage	Grade	Date purchased	Amount paid	Comments
1839 No Motto	118,143				
1839-C	17,235				
1839-D	18,939				
1840	137,382				
1840-C	19,028				
1840-D	22,896				
1840-O	38,700				
1841	15,833				
1841-C	21,511				
1841-D	30,495				
1841-O	50				
1842 Small Letters	27,578				
1842-C Large Date	27,480				
1842-C Small Date	Incl. above				
1842-D LD, Lg. Letters	59,608				
1842-D SD, Sm. Letters	Incl. above				
1842-O	16,400				
1843	611,205				
1843-C	44,353				
1843-D	98,452				
1843-O Small Letters	101,075				
1843-O Large Letters	Incl. above				
1844	340,330				
1844-C	23,631				
1844-D	88,982				
1844-O	364,600				
1845	417,099				
1845-D	90,629				
1845-O	41,000				
1846	395,942				
1846-C	12,995				
1846-D	80,294				
1846-O	58,000				
1847	915,981				
1847-C	84,151				
1847-D	64,405				
1847-O	12,000				
1848	260,775				
1848-C	64,472				
1848-D	47,465				
1849	133,070				
1849-C	64,823				
1849-D	39,036				
1850	64,491				
1850-C	63,591				
1850-D	43,984				
1851	377,505				
1851-C	49,176				

$5 half eagle Coronet (continued)

	Mintage	Grade	Date purchased	Amount paid	Comments
1851-D	62,710				
1851-O	41,000				
1852	573,901				
1852-C	72,574				
1852-D	91,584				
1853	305,770				
1853-C	65,571				
1853-D	89,678				
1854	160,675				
1854-C	39,283				
1854-D	56,413				
1854-O	46,000				
1854-S	268				
1855	117,098				
1855-C	39,788				
1855-D	22,432				
1855-O	11,100				
1855-S	61,000				
1856	197,990				
1856-C	28,457				
1856-D	19,786				
1856-O	10,000				
1856-S	105,100				
1857	98,188				
1857-C	31,360				
1857-D	17,046				
1857-O	13,000				
1857-S	87,000				
1858	15,136				
1858-C	38,856				
1858-D	15,362				
1858-S	18,600				
1859	16,814				
1859-C	31,847				
1859-D	10,366				
1859-S	13,220				
1860	19,763				
1860-C	14,813				
1860-D	14,635				
1860-S	21,200				
1861	688,084				
1861-C	6,879				
1861-D	1,597				
1861-S	18,000				
1862	4,430				
1862-S	9,500				
1863	2,442				
1863-S	17,000				
1864	4,220				
1864-S	3,888				
1865	1,270				
1865-S	27,612				
1866 Motto	6,700				
1866-S Motto	34,920				
1866-S No Motto	9,000				
1867	6,870				
1867-S	29,000				
1868	5,700				
1868-S	52,000				

$5 half eagle Coronet (continued)

	Mintage	Grade	Date purchased	Amount paid	Comments
1869	1,760				
1869-S	31,000				
1870	4,000				
1870-CC	7,675				
1870-S	17,000				
1871	3,200				
1871-CC	20,770				
1871-S	25,000				
1872	1,660				
1872-CC	16,980				
1872-S	36,400				
1873 Closed 3	112,480				
1873 Open 3	Incl. above				
1873-CC	7,416				
1873-S	31,000				
1874	3,488				
1874-CC	21,198				
1874-S	16,000				
1875	200				
1875-CC	11,828				
1875-S	9,000				
1876	1,432				
1876-CC	6,887				
1876-S	4,000				
1877	1,132				
1877-CC	8,680				
1877-S	26,700				
1878	131,720				
1878-CC	9,054				
1878-S	144,700				
1879	301,920				
1879-CC	17,281				
1879-S	426,200				
1880	3,166,400				
1880-CC	51,017				
1880-S	1,348,900				
1881	5,708,760				
1881-CC	13,886				
1881-S	969,000				
1882	2,514,520				
1882-CC	82,817				
1882-S	969,000				
1883	233,400				
1883-CC	12,958				
1883-S	83,200				
1884	191,030				
1884-CC	16,402				
1884-S	177,000				
1885	601,440				
1885-S	1,211,500				
1886	388,360				
1886-S	3,268,000				
1887 Proof	87				
1887-S	1,912,000				
1888	18,202				
1888-S	293,900				
1889	7,520				
1890	4,240				
1890-CC	53,800				

$5 half eagle Coronet (continued)

	Mintage	Grade	Date purchased	Amount paid	Comments
1891	61,360				
1891-CC	208,000				
1892	753,480				
1892-CC	82,968				
1892-O	10,000				
1892-S	298,400				
1893	1,528,120				
1893-CC	60,000				
1893-O	110,000				
1893-S	224,000				
1894	957,880				
1894-O	16,600				
1894-S	55,900				
1895	1,345,855				
1895-S	112,000				
1896	58,960				
1896-S	155,400				
1897	867,800				
1897-S	354,000				
1898	633,420				
1898-S	1,397,400				
1899	1,710,630				
1899-S	1,545,000				
1900	1,405,500				
1900-S	329,000				
1901	615,900				
1901-S	3,648,000				
1901/0-S	Incl. above				
1902	172,400				
1902-S	939,000				
1903	226,870				
1903-S	1,855,000				
1904	392,000				
1904-S	97,000				
1905	302,200				
1905-S	880,700				
1906	348,735				
1906-D	320,000				
1906-S	598,000				
1907	626,100				
1907-D	888,000				
1908	421,874				

$5 half eagle Indian Head

	Mintage	Grade	Date purchased	Amount paid	Comments
1908	577,845				

$5 half eagle Indian Head (continued)

	Mintage	Grade	Date purchased	Amount paid	Comments
1908-D	148,000				
1908-S	82,000				
1909	627,060				
1909-D	3,423,560				
1909-O	34,200				
1909-S	297,200				
1910	604,000				
1910-D	193,600				
1910-S	770,200				
1911	915,000				
1911-D	72,500				
1911-S	1,416,000				
1912	790,000				
1912-S	392,000				
1913	916,000				
1913-S	408,000				
1914	247,000				
1914-S	247,000				
1914-D	263,000				
1915	588,000				
1915-S	164,000				
1916-S	240,000				
1929	662,000				

$10 eagle Capped Bust, Small Eagle

	Mintage	Grade	Date purchased	Amount paid	Comments
1795	5,583				
1796	4,146				
1797	14,555				

$10 eagle Capped Bust, Heraldic Eagle

	Mintage	Grade	Date purchased	Amount paid	Comments
1797	Incl. above				
1798/7 9 Stars X 4 Stars	1,742				
1798/7 7 Stars X 6 Stars	Incl. above				
1799	37,449				
1800	5,999				
1801	44,344				
1803	15,017				
1804	3,757				

$10 eagle Coronet

	Mintage	Grade	Date purchased	Amount paid	Comments
1838 No Motto	7,200				
1839 Old Portrait	38,248				
1839 New Portrait	Incl. above				
1840	47,338				
1841	63,131				
1841-O	2,500				
1842	81,507				
1842-O	27,400				
1843	75,462				
1843-O	175,162				
1844	6,361				
1844-O	118,700				
1845	26,153				
1845-O	47,500				

$10 eagle Coronet (continued)

	Mintage	Grade	Date purchased	Amount paid	Comments
1846	20,095				
1846-O	81,780				
1847	762,258				
1847-O	571,500				
1848	145,484				
1848-O	35,850				
1849	653,618				
1849-O	23,900				
1850	291,451				
1850 Small Date	Incl. above				
1850-O	57,500				
1851	176,328				
1851-O	263,000				
1852	263,106				
1852-O	18,000				
1853	201,253				
1853/2	Incl. above				
1853-O	51,000				
1854	54,250				
1854-O	52,500				
1854-S	123,826				
1855	121,701				
1855-O	18,000				
1855-S	9,000				
1856	60,490				
1856-O	14,500				
1856-S	68,000				
1857	16,606				
1857-O	5,500				
1857-S	26,000				
1858	2,521				
1858-O	20,000				
1858-S	11,800				
1859	16,093				
1859-O	2,300				
1859-S	7,000				
1860	15,055				
1860-O	11,100				
1860-S	5,000				
1861	113,164				
1861-S	15,500				
1862	10,960				
1862-S	12,500				
1863	1,218				
1863-S	10,000				
1864	3,530				
1864-S	2,500				
1865	3,980				
1865-S	16,700				
1865-S Inverted 865/186	Incl. above				
1866 Motto	3,750				
1866-S No Motto	8,500				
1866-S Motto	11,500				
1867	3,090				
1867-S	9,000				
1868	10,630				
1868-S	13,500				
1869	1,830				
1869-S	6,430				

$10 eagle Coronet (continued)

	Mintage	Grade	Date purchased	Amount paid	Comments
1870	3,990				
1870-CC	5,908				
1870-S	8,000				
1871	1,790				
1871-CC	8,085				
1871-S	16,500				
1872	1,620				
1872-CC	4,600				
1872-S	17,300				
1873	800				
1873-CC	4,543				
1873-S	12,000				
1874	53,140				
1874-CC	16,767				
1874-S	10,000				
1875	100				
1875-CC	7,715				
1876	687				
1876-CC	4,696				
1876-S	5,000				
1877	797				
1877-CC	3,332				
1877-S	17,000				
1878	73,780				
1878-CC	3,244				
1878-S	26,100				
1879	384,740				
1879-CC	1,762				
1879-O	1,500				
1879-S	224,000				
1880	1,644,840				
1880-CC	11,190				
1880-O	9,200				
1880-S	506,250				
1881	3,877,220				
1881-CC	24,015				
1881-O	8,350				
1881-S	970,000				
1882	2,324,440				
1882-CC	6,764				
1882-O	10,820				
1882-S	132,000				
1883	208,700				
1883-CC	12,000				
1883-O	800				
1883-S	38,000				
1884	76,890				
1884-CC	9,925				
1884-S	124,250				
1885	253,462				
1885-S	228,000				
1886	236,100				
1886-S	826,000				
1887	53,600				
1887-S	817,000				
1888	132,924				
1888-O	21,335				
1888-S	648,700				
1889	4,440				

$10 eagle Coronet (continued)

	Mintage	Grade	Date purchased	Amount paid	Comments
1889-S	425,400				
1890	57,980				
1890-CC	17,500				
1891	91,820				
1891-CC	103,732				
1892	797,480				
1892-CC	40,000				
1892-O	28,688				
1892-S	115,500				
1893	1,840,840				
1893-CC	14,000				
1893-O	17,000				
1893-S	141,350				
1894	2,470,735				
1894-O	107,500				
1894-S	25,000				
1895	567,770				
1895-O	98,000				
1895-S	49,000				
1896	76,270				
1896-S	123,750				
1897	1,000,090				
1897-O	42,500				
1897-S	234,750				
1898	812,130				
1898-S	473,600				
1899	1,262,219				
1899-O	37,047				
1899-S	841,000				
1900	293,840				
1900-S	81,000				
1901	1,718,740				
1901-O	72,041				
1901-S	2,812,750				
1902	82,400				
1902-S	469,500				
1903	125,830				
1903-O	112,771				
1903-S	538,000				
1904	161,930				
1904-O	108,950				
1905	200,992				
1905-S	369,250				
1906	165,420				
1906-D	981,000				
1906-O	86,895				
1906-S	457,000				
1907	1,203,899				
1907-D	1,030,000				
1907-S	210,500				

$10 eagle Indian Head

	Mintage	Grade	Date purchased	Amount paid	Comments
1907 Wire Rim, Periods	239,406				
1907 Rolled Rim, Periods	Incl. above				
1907 No Periods	Incl. above				
1908 No Motto	33,500				
1908 Motto	341,370				
1908-D No Motto	210,000				
1908-D Motto	836,500				
1908-S Motto	59,850				
1909	184,789				
1909-D	121,540				
1909-S	292,350				
1910	318,500				
1910-D	2,356,640				
1910-S	811,000				
1911	505,500				
1911-D	30,100				
1911-S	51,000				
1912	405,000				
1912-S	300,000				
1913	442,000				
1913-S	66,000				
1914	151,000				
1914-D	343,500				
1914-S	208,000				
1915	351,000				
1915-S	59,000				
1916-S	138,500				
1920-S	126,500				
1926	1,014,000				
1930-S	96,000				
1932	4,463,000				
1933	312,500				

$20 double eagle Coronet

	Mintage	Grade	Date purchased	Amount paid	Comments
1850 No Motto	1,170,261				
1850-O	141,000				
1851	2,087,155				
1851-O	315,000				
1852	2,053,026				
1852-O	190,000				
1853	1,261,326				
1853/2	Incl. above				
1853-O	71,000				
1854	757,899				
1854-O	3,250				
1854-S	141,468				
1855	364,666				
1855-O	8,000				
1855-S	879,675				
1856	29,878				
1856-O	2,250				
1856-S	1,189,780				
1857	439,375				
1857-O	30,000				
1857-S	970,500				
1858	211,714				
1858-O	35,250				
1858-S	846,710				
1859	43,597				
1859-O	9,100				
1859-S	636,445				
1860	577,611				
1860-O	6,600				
1860-S	544,950				
1861	2,976,387				
1861-O	17,741				
1861-S	768,000				
1862	92,098				
1862-S	854,173				
1863	42,760				
1863-S	966,570				
1864	204,235				
1864-S	973,660				
1865	351,175				
1865-S	1,042,500				
1866 Motto	698,745				

$20 double eagle Coronet (continued)

	Mintage	Grade	Date purchased	Amount paid	Comments
1866-S	722,250				
1866-S Motto	120,000				
1867	251,015				
1867-S	920,750				
1868	98,575				
1868-S	837,500				
1869	175,130				
1869-S	686,750				
1870	155,150				
1870-CC	3,789				
1870-S	982,000				
1871	80,120				
1871-CC	17,387				
1871-S	928,000				
1872	251,850				
1872-CC	26,900				
1872-S	780,000				
1873 Closed 3	1,709,800				
1873 Open 3	Incl. above				
1873-CC	22,410				
1873-S	1,040,600				
1874	366,780				
1874-CC	115,000				
1874-S	1,214,000				
1875	295,720				
1875-CC	111,151				
1875-S	1,230,000				
1876	583,860				
1876-CC	138,441				
1876-S	1,597,000				
1877 TWENTY DOLLARS	397,650				
1877-CC	42,565				
1877-S	1,735,000				
1878	543,625				
1878-CC	13,180				
1878-S	1,739,000				
1879	207,600				
1879-CC	10,708				
1879-O	2,325				
1879-S	1,223,800				
1880	51,420				
1880-S	836,000				
1881	2,220				
1881-S	727,000				
1882	590				
1882-CC	39,140				
1882-S	1,125,000				
1883 Proof	92				
1883-CC	59,962				
1883-S	1,189,000				
1884 Proof	71				
1884-CC	81,139				
1884-S	916,000				
1885	751				
1885-CC	9,450				
1885-S	683,500				
1886	1,000				
1887 Proof	121				
1887-S	283,000				

$20 double eagle Coronet (continued)

	Mintage	Grade	Date purchased	Amount paid	Comments
1888	226,164				
1888-S	859,600				
1889	44,070				
1889-CC	30,945				
1889-S	774,700				
1890	75,940				
1890-CC	91,209				
1890-S	802,750				
1891	1,390				
1891-CC	5,000				
1891-S	1,288,125				
1892	4,430				
1892-CC	27,265				
1892-S	930,150				
1893	344,280				
1893-CC	18,402				
1893-S	996,175				
1894	1,368,940				
1894-S	1,048,550				
1895	1,114,605				
1895-S	1,143,500				
1896	792,535				
1896-S	1,403,925				
1897	1,383,175				
1897-S	1,470,250				
1898	170,395				
1898-S	2,575,175				
1899	1,669,300				
1899-S	2,010,300				
1900	1,874,460				
1900-S	2,459,500				
1901	111,430				
1901-S	1,596,000				
1902	31,140				
1902-S	1,753,625				
1903	287,270				
1903-S	954,000				
1904	6,256,699				
1904-S	5,134,175				
1905	58,919				
1905-S	1,813,000				
1906	69,596				
1906-D	620,250				
1906-S	2,065,750				
1907	1,451,786				
1907-D	842,250				
1907-S	2,165,800				

$20 double eagle Saint-Gaudens

	Mintage	Grade	Date purchased	Amount paid	Comments
1907 High Relief, Roman Numerals, Wire Rim	11,250				
1907 High Relief, Roman Numerals, Flat Rim	Incl. above				
1907	361,667				
1908	4,271,551				
1908 Motto	156,258				
1908-D	663,750				
1908-D Motto	349,500				
1908-S Motto	22,000				
1909/8	161,215				
1909	Incl. above				
1909-D	52,500				
1909-S	2,774,925				
1910	482,000				
1910-D	429,000				
1910-S	2,128,250				
1911	197,250				
1911-D	846,500				
1911-S	775,750				
1912	149,750				
1913	168,780				
1913-D	393,500				
1913-S	34,000				
1914	95,250				
1914-D	453,000				
1914-S	1,498,000				
1915	152,000				
1915-S	567,500				
1916-S	796,000				
1920	228,250				
1920-S	558,000				
1921	528,500				
1922	1,375,500				
1922-S	2,658,000				
1923	566,000				
1923-D	1,702,250				
1924	4,323,500				
1924-D	3,049,500				
1924-S	2,927,500				
1925	2,831,750				
1925-D	2,938,500				

$20 double eagle Saint-Gaudens (continued)

	Mintage	Grade	Date purchased	Amount paid	Comments
1925-S	3,776,500				
1926	816,750				
1926-D	481,000				
1926-S	2,041,500				
1927	2,946,750				
1927-D	180,000				
1927-S	3,107,000				
1928	8,816,000				
1929	1,779,750				
1930-S	74,000				
1931	2,938,250				
1931-D	106,500				
1932	1,101,750				

Commemorative silver, clad

	Mintage	Grade	Date purchased	Amount paid	Comments
1892 Columbian	950,000				
1893 Columbian	1,548,300				
1893 Isabella 25¢	24,191				
1900 Lafayette $1	36,000				
1915 Panama-Pacific	27,134				
1918 Illinois	100,000				
1920 Maine	50,000				
1920 Pilgrim	152,000				
1921 Pilgrim	20,000				
1921 Alabama 2x2	6,000				
1921 Alabama Plain	59,000				
1921 Missouri Plain	15,400				
1921 Missouri 2x4	5,000				
1922 Grant	67,350				
1922 Grant Star	4,250				
1923 Monroe	274,000				
1924 Huguenot	142,000				
1925 Lexington	161,914				
1925 Stone Mountain	1,314,000				
1925 California	86,394				
1925 Fort Vancouver	14,966				
1926 Sesquicentennial	140,592				
1926 Oregon	47,925				
1926-S Oregon	83,000				
1928 Oregon	6,000				
1933-D Oregon	5,008				
1934-D Oregon	7,000				
1936 Oregon	10,000				
1936-S Oregon	5,000				
1937-D Oregon	12,000				
1938 Oregon Set PDS	6,000				
1939 Oregon Set PDS	3,000				
1927 Vermont	28,108				
1928 Hawaiian	10,000				
1934 Boone	10,000				
1935 Boone	10,000				
1935-D Boone	5,000				
1935-S Boone	5,000				
1935 Boone Sm. 1934	10,000				

Commemorative silver, clad (continued)

	Mintage	Grade	Date purchased	Amount paid	Comments
1935-D Boone Sm. 1934...	2,000				
1935-S Boone Sm. 1934...	2,000				
1936 Boone Sm. 1934.....	12,000				
1936-D Boone Sm. 1934...	5,000				
1936-S Boone Sm. 1934...	5,000				
1937 Boone Sm. 1934.....	9,800				
1937-D Boone Sm. 1934...	2,500				
1937-S Boone Sm. 1934...	2,500				
1938 Boone Sm. 1934.....	2,095				
1938-D Boone Sm. 1934...	2,095				
1938-S Boone Sm. 1934...	2,095				
1934 Maryland	25,000				
1934 Texas	61,350				
1935 Texas	9,988				
1935-D Texas	10,000				
1935-S Texas	10,000				
1936 Texas	8,903				
1936-D Texas	9,032				
1936-S Texas	9,057				
1937 Texas	6,566				
1937-D Texas	6,599				
1937-S Texas	6,630				
1938 Texas	3,775				
1938-D Texas	3,770				
1938-S Texas	3,808				
1935 Arkansas	13,000				
1935-D Arkansas	5,500				
1935-S Arkansas	5,500				
1936 Arkansas	9,650				
1936-D Arkansas	9,650				
1936-S Arkansas	9,650				
1937 Arkansas	5,500				
1937-D Arkansas	5,500				
1937-S Arkansas	5,500				
1938 Arkansas	3,150				
1938-D Arkansas	3,150				
1938-S Arkansas	3,150				
1939 Arkansas	2,100				
1939-D Arkansas	2,100				
1939-S Arkansas	2,100				
1936 Arkansas (Robinson) .	25,000				
1935 Connecticut	25,000				
1935 Hudson	10,000				
1935-S San Diego	70,000				
1936-D San Diego	30,000				
1935 Spanish Trail	10,000				
1936 Albany	17,658				
1936 Bridgeport	25,000				
1936 Cincinnati..........	5,000				
1936-D Cincinnati........	5,000				
1936S Cincinnati.........	5,000				
1936 Cleveland	50,000				
1936 Columbia	9,000				
1936-D Columbia	8,000				
1936-S Columbia	8,000				
1936 Delaware	20,978				
1936 Elgin, Ill..........	20,000				
1936 Gettysburg	26,900				
1936 Long Island	81,773				

Commemorative silver, clad (continued)

	Mintage	Grade	Date purchased	Amount paid	Comments
1936 Lynchburg	20,000				
1936 Norfolk	16,923				
1936 Rhode Island	20,000				
1936-D Rhode Island	15,000				
1936-S Rhode Island	15,000				
1936 San Francisco	71,369				
1936 Wisconsin	25,000				
1936 York County	25,000				
1937 Antietam	18,000				
1937 Roanoke	29,000				
1938 New Rochelle	15,251				
1946 Iowa	100,000				
1946 B.T. Washington	1,000,546				
1946-D B.T. Washington	200,113				
1946-S B.T. Washington	500,279				
1947 B.T. Washington	100,017				
1947-D B.T. Washington	100,017				
1947-S B.T. Washington	100,017				
1948 B.T. Washington	8,000				
1948-D B.T. Washington	8,000				
1948-S B.T. Washington	8,000				
1949 B.T. Washington	6,000				
1949-D B.T. Washington	6,000				
1949-S B.T. Washington	6,000				
1950 B.T. Washington	6,000				
1950-D B.T. Washington	6,000				
1950-S B.T. Washington	512,091				
1951 B.T. Washington	510,082				
1951-D B.T. Washington	7,000				
1951-S B.T. Washington	7,000				
1951 Wash.-Carver	110,018				
1951-D Wash.-Carver	10,004				
1951-S Wash.-Carver	10,004				
1952 Wash.-Carver	2,006,292				
1952-D Wash.-Carver	8,006				
1952-S Wash.-Carver	8,006				
1953 Wash.-Carver	8,003				
1953-D Wash.-Carver	8,003				
1953-S Wash.-Carver	108,020				
1954 Wash.-Carver	12,006				
1954-D Wash.-Carver	12,006				
1954-S Wash.-Carver	122,024				
George Washington half dollars					
1982-D	2,210,458				
1982-S	4,894,044				
Los Angeles Olympics					
1983-P Discus Thrower $1	294,543				
1983-D Discus Thrower $1	174,014				
1983-S Discus Thrower $1	174,014				
1983-S Proof $1	1,577,025				
1984-P Coliseum $1	217,954				
1984-D Coliseum $1	116,675				
1984-S Coliseum $1	116,675				
1984-S Proof $1	1,801,210				
Statue of Liberty					
1986-D Immigrant 50C	928,008				
1986-S Immigrant 50C	6,925,627				
1986-P Ellis Island dollar	723,635				
1986-S Ellis Island dollar	6,414,638				

Commemorative silver, clad (continued)

	Mintage	Grade	Date purchased	Amount paid	Comments

Constitution Bicentennial
1987-P Constitution dollar .
1987-S Constitution dollar .

Olympics
1988-P dollar. . . . .
1988-S dollar. . . . .

Commemorative gold

	Mintage	Grade	Date purchased	Amount paid	Comments
1903 La.PurchJefferson $1 .	17,375				
1903 La.Purch Mckinley $1	17,375				
1904 Lewis & Clark $1 . . .	9,997				
1905 Lewis & Clark $1 . . .	10,000				
1915-S Panama-Pacific $1 .	15,000				
1915-S Pan-Pac $2.50	6,749				
1915-S Pan-Pac $50 Rnd. . .	483				
1915-S Pan-Pac $50 Oct . . .	645				
1916 McKinley $1	9,977				
1917 McKinley $1	10,000				
1922 Grant Star $1	5,000				
1922 Grant Plain $1	5,000				
1926 Sesquicenten. $2.50 . .	45,793				
1984-P Torch eagle	33,309				
1984-D Torch eagle	34,533				
1984-S Torch $10	48,551				
1984-W Torch $10	381,085				
1984-W Torch $10 Proof. . .	75,886				
1986-W Statue $5	95,248				
1986-W Statue Proof $5. . .	404,013				
1987-W Constitution $5 . . .					
1987-W Const. Proof $5. . .					
1988-W Olympic $5					
1988-W Olympic Proof $5 .					

Proof sets

	Mintage	Grade	Date purchased	Amount paid	Comments

* 1936-42 — Coins sold individually; mintage is maximum number of possible sets

Year	Mintage	Grade	Date purchased	Amount paid	Comments
1936	3,837				
1937	5,542				
1938	8,045				
1939	8,795				
1940	11,246				
1941	15,287				
1942	21,120				
1950	51,386				
1951	57,500				
1952	81,980				
1953	128,800				
1954	233,350				
1955	378,200				

Proof sets (continued)

	Mintage	Grade	Date purchased	Amount paid	Comments
1956	669,384				
1957	1,247,952				
1958	875,652				
1959	1,149,291				
1960	1,691,602				
1961	3,028,244				
1962	3,218,019				
1963	3,075,645				
1964	3,950,762				
1968	3,041,506				
1969	2,934,631				
1970	2,632,810				
1971	3,220,733				
1972	3,260,996				
1973	2,760,339				
1974	2,612,568				
1975	2,845,450				
1976	4,123,056				
1977	3,236,798				
1978	3,120,285				
1979	3,677,175				
1980	3,554,806				
1981	4,063,083				
1982	3,857,479				
1983	3,138,765				
1984	2,748,430				
1984 Prestige	316,680				
1985	3,362,662				
1986	2,763,504				
1986 Prestige	599,317				
1987					
1987 Prestige					
1988					
1989					
1990					

Uncirculated Mint sets

	Mintage	Grade	Date purchased	Amount paid	Comments
1947	12600				
1948	17000				
1949	20739				
1951	8654				
1952	11499				
1953	15538				
1954	25599				
1955	49656				
1956	45475				
1957	34324				
1958	50314				
1959	187000				
1960	260485				
1961	223704				
1962	385285				
1963	606612				
1964	1008108				

Uncirculated Mint sets (continued)

	Mintage	Grade	Date purchased	Amount paid	Comments
1965 Special Mint Set	2360000				
1966 Special Mint Set	2261583				
1967 Special Mint Set	1863344				
1968	2105128				
1969	1817392				
1970	2038134				
1971	2193396				
1972	2750000				
1973	1767691				
1974	1975981				
1975	1921488				
1976 40%	1892513				
1977	2006869				
1978	2162609				
1979	2526000				
1980	2815066				
1981	2908145				
1984	1832857				
1985	1710571				
1986	1119957				
1987					
1988					
1989					
1990					

American Eagle gold bullion

	Mintage	Grade	Date purchased	Amount paid	Comments
1986 1-ounce gold	1,362,650				
1986 1-ounce Proof	446,290				
1986 half-ounce gold	599,566				
1986 tenth-ounce gold	912,609				
1987 1-ounce gold	1,045,500				
1987 1-ounce Proof					
1987 half-ounce gold	131,255				
1987 half-ounce Proof					
1987 quarter-ounce gold	269,255				
1987 tenth-ounce gold	580,266				
1988 1-ounce gold					
1988 half-ounce gold					
1988 quarter-ounce gold					

American Eagle gold bullion (continued)

	Mintage	Grade	Date purchased	Amount paid	Comments
1988 tenth-ounce gold					
1989 1-ounce gold					
1989 half-ounce gold					
1989 quarter-ounce gold					
1989 tenth-ounce gold					
1990 1-ounce gold					
1990 half-ounce gold					
1990 quarter-ounce gold					
1990 tenth-ounce gold					

American Eagle silver bullion

	Mintage	Grade	Date purchased	Amount paid	Comments
1986 1-ounce silver	5,393,005				
1986 1-ounce Proof	1,446,778				
1987 1-ounce silver	11,442,335				
1987 1-ounce Proof					
1988 1-ounce silver					
1989 1-ounce silver					
1990 1-ounce silver					